BASTEI LÜBBE

ARTHUR STEINER

AMERIKANISCH

WIE ES NICHT IM WÖRTERBUCH STEHT

BASTEI LÜBBE

BASTEI-LÜBBE-TASCHENBUCH
Band 63 068

1. Auflage 1981
2. Auflage 1982
3. Auflage 1983
4. Auflage 1985
5. Auflage 1986
6. Auflage 1987

Lizenzausgabe: Gustav Lübbe Verlag GmbH,
Bergisch Gladbach
Printed in Western Germany 1987
Einbandgestaltung: Ralph Rudolph
Gesamtherstellung: Ebner Ulm
ISBN 3-404-63068-8

Der Preis dieses Bandes versteht sich einschließlich
der gesetzlichen Mehrwertsteuer

INHALTSVERZEICHNIS

Statt eines Vorwortes

will der Autor zwei kleine Geschichten erzählen, die den Vorzug haben, wahr zu sein. Die eine handelt von Hans Hubmann, dem bekannten deutschen Fotoreporter. Vor ein paar Jahren war er in Afrika, um Bilder zu einer interessanten Story für seine Illustrierte zu »schießen«. Mitten in der Arbeit erreichte ihn der Auftrag eines amerikanischen Verlegers, auch für ihn spezielle Aufnahmen zu machen. »Wenn du nicht mehr die Zeit dazu findest, engagiere einen anderen guten Fotografen«, hieß es in der Kabelbotschaft, »depeschiere bitte sofort, ob du selbst schießen konntest, oder einen Ersatzmann nehmen mußtest.«

Am nächsten Morgen klingelte beim Verleger in New York das Telefon. Es war das Telegrafenamt, das ihm dringende Depeschen telefonisch durchzugeben pflegte. »Mr. Soundso«, flüsterte das Fräulein mit stockender Stimme, »ich bin ganz verzweifelt, Ihnen eine so schlimme Nachricht durchgeben zu müssen. Aber ich kann mir nicht helfen, es muß sein: Hans Hubmann telegrafiert, daß er sich erschossen hat!«

Hubmanns Telegramm lautete: *Shot myself* Was natürlich nicht besagen sollte, daß Hubmann sich erschossen hat. Er meinte lediglich, daß er keinen Ersatzmann verwendete, sondern die Fotos selbst »geschossen« habe!

Im Queens College, einer Hochschule in New York, versucht eine Klasse, mit heißem Bemühen in die Geheimnisse der deutschen Sprache einzudringen. Man ist sogar schon so weit, deutschsprachige Autoren zu lesen, u. a. auch den Altwiener Humoristen Johann Nestroy. In seinen Werken kommt das Wort ›Frauenzimmer‹ häufig vor. Eine junge New Yorkerin, die daran ging, die Stelle ins Englische zu übertragen, übersetzte ›Frauenzimmer‹ ohne zu zögern, ganz exakt mit *Ladies Room*, womit aber in England und in Amerika jener Ort gemeint ist, in den die Damen verschwinden, um ihre Nase zu pudern!

Die Moral der beiden Geschichten: Englische Wörter darf man nicht allzu wörtlich nehmen. Dieser Satz steht schon im Ersten Band von »Englisch – wie es nicht im Wörterbuch steht«.

Mein Verleger, ein Optimist von echtem Schrot und Korn, drang darauf, dem ersten nun ein zweites Buch folgen zu lassen. Schon deshalb, weil das tolle Tempo unserer Zeit in den letzten fünf Jahren so viele neue Ausdrücke geprägt, weil unsere Ära der Elektronen, der Raumflieger, der turbulenten ›Teenager‹ so viele neue sprachliche Wendungen, so viele, völlig neue Begriffe geschaffen hat, die nur verständlich werden, wenn man auch die dazugehörigen neuen *idioms,* die Redensarten kennt, die der heutige Alltag in England und Amerika ständig im Munde führt.

In ihnen spiegeln sich die Wesensart der Menschen dieser Länder, ihr Witz, ihr Sarkasmus, ihre Freuden und ihr Kummer.

Es ist wohl angebracht, festzustellen, daß dieses schmale Buch keineswegs beabsichtigt, mit den umfassenden Enzyklopädien etwa von Langenscheidt (Muret-Sanders) oder von Brandstetter (Wildhagen-Héraucourt) zu wetteifern, die sich mit Erfolg bemühen, jedes neu auftauchende Wort zu erfassen und zu deuten, und die ihren Benutzern verläßlich Auskunft geben. Der Autor dieses Büchleins hat aber eine andre Methode gewählt, wie bereits der Titel verrät. Dabei fühlt er sich Frau *Eva Bornemann* für zahlreiche wertvolle Hinweise dankbar verbunden.

Wenn der hier nun vorliegende neue Band ebenso zahlreiche Freunde finden sollte, wie sein Vorgänger, würde dies vor allem auch die Ehefrau des Autors freuen, der ja auch dieses Mal der Reinertrag dieses Buches vertraglich zugesichert ist.

New York, im Frühjahr 1966 A. S.

An allem sind die Beatles schuld!

Ein älterer, bedächtiger Herr hat kürzlich erklärt: »Daß der Jugend die Zukunft gehört, das unterschreibe ich begeistert. Daß ihr aber auch schon die Gegenwart gehören soll, das begeistert mich weniger!« Gehört sie ihr wirklich?

Der Schein trügt, der Lärm täuscht. Immer schon hat die Jugend revoltiert. Nun hat sie auch ihre eigenen Sitten geschaffen und ihre ihr eigene Kleidung, ihren Tanz und ihre Musik. Sie hat auch ihre eigene Sprache geprägt, die sich ebenso sprunghaft verändert wie sie sich selbst.

Dennoch sei in diesem Kapitel versucht, mit dem galoppierenden Jargon der Teenager von England und Amerika Schritt zu halten, die burschikosesten ihrer Redensarten unter die Lupe zu nehmen. Und zwar deshalb, weil die Sprache der Jugend immer stärker in den Alltag eindringt und somit Gemeingut der Gesellschaft wird. Oft allerdings erst zu einem Zeitpunkt, zu dem sie bei ihren Schöpfern schon wieder als »altmodisch« mitleidig belächelt wird. Die Teenager haben sich inzwischen längst noch Burschikoseres einfallen lassen.

A bird or a chick – das war früher einmal ein Vogel, oder ein Küken (abgekürzt von *chicken*). Heutzutage ist es die Bezeichnung für Mädchen, ein Wesen, für das auch die modernsten Teenager erfreulicherweise noch ein gerüttelt Maß von Interesse bewahrt haben. Der Ausdruck *bird* stammt aus England, von wo ihn die *Beatles* nach Amerika importierten. Aber die *Beatles* sind ja keineswegs an allem schuld. Sie scheinen weniger die Ursache, als schon die Wirkung der großen Jugendrevolution zu sein.

That chick turns me on – das bedeutet: Dieses Mädchen packt mich, es erregt mich, bringt mich in erotische Wallung. Ein Zustand, aus dem die jungen Menschen von heute keine Mördergrube machen wollen. Sie wollen ihn im Gegenteil plakatieren, weil das bei ihnen als »schick« gilt, wogegen man gar nichts sagen kann. Man muß schon zufrieden sein, daß die neuerungshungrige Jugend sich mit der Tatsache abgefunden hat, daß es nur zwei Geschlechter gibt. Sie tut alles, um aus diesem Mangel das Beste herauszuholen.

She is really hung up on Frank –. Sie ist dem Frank hoffnungslos verfallen. In alten Zeiten sagte man: bis über beide Ohren verliebt. Aber unsere Epoche ist brutaler und hemmungsloser geworden; daher ist es auch ihre Sprache. Die wörtliche Übersetzung würde lauten: Sie ist an Frank aufgehängt.

They are hung up on each other – sie sind ineinander rettungslos verknallt. In unseren kurzlebigen Tagen dauert solch ein Zustand nicht für die Ewigkeit. Ist der Liebesrausch verraucht, dann sagt er zu ihr, oder sie zu ihm, oder beide zueinander:

Hang it, baby – häng' es auf. Zu deutsch: Vergiß es! Man ersieht daraus, daß sich der liebevolle Ausdruck *baby* für die (oder den) Angebeteten erhalten hat. Als Kompliment gilt, wenn jemand als

a groovy person bezeichnet wird, eine Prägung, die man nicht übersetzen, sondern bestenfalls erklären kann. Das Wort *groovy* kennzeichnet die Schallplattennadel, die richtig in der Rille (*groove*) sitzt, somit also den richtigen Ton wiedergibt.

A groovy song ist daher ein gutes Lied, eines, das die höchsten aller Gefühle übermittelt.

Auch das negative Urteil über Menschen hat völlig neue Ausdrucksmöglichkeiten gefunden. Wenn ein Jüngling dem anderen enthüllen will, daß die holde Maid, die er kürzlich kennengelernt hat, nicht zu den tugendhaftesten zählt, wird er sagen:

She is a heavy job, was, genau übersetzt heißen würde: Sie ist eine schwere Sache! Aber jeder, der noch nicht seinen zwanzigsten Geburtstag gefeiert hat, wird sogleich erfassen, was gemeint war und voller Verständnis entgegnen:

I read you – ich lese dich, das heißt ich verstehe dich (ich lese in dir). Er könnte (ebenfalls im *jazz idiom*) auch sagen:

I dig you – das heißt eigentlich: Ich grabe dich aus, ich grabe deine Gedanken aus, ich weiß, was du sagen willst; ich erfasse dein Wesen und bin dir daher auch zugetan. Diese Prägung ist in Amerika von den Erwachsenen längst übernommen worden; sie wird also von der Jugend vermutlich bald in Acht und Bann getan werden. In die gleiche Kategorie gehört die Wendung:

I am with you – das heißt wörtlich: Ich bin (gehe) mit dir, das heißt aber im *jazz idiom:* bin deiner Meinung, ganz deiner Ansicht. Die Neigung, sich den treffenden Ausdruck aus dem Bereich der modernen Technik zu holen, zeigt sich auch in der Redensart:

I really have everything taped – also eigentlich: Ich habe wirklich alles auf Tonband aufgenommen, es mir also genau eingeprägt, (zusammengeklebt), so daß es nicht mehr verloren gehen, nicht mehr aus meinem Gedächtnis entschwinden wird.

I got your message – ich habe deine Nachricht erhalten. Das besagt ebenfalls, daß eine Mitteilung oder ein Ausspruch genau verstanden wurde. Wenn ein Mädchen (oder ein Bursche) als völlig abgetan, als erledigt, als nicht mehr in Frage kommend hingestellt werden soll, dann heißt es:

That girl (boy) is shot down, or: shot down the tube – also ebenfalls ein Sprachbild aus derberen, um nicht zu sagen brutaleren Gefilden. Das Mädchen oder der Knabe, ist »hinabgeschossen«, oder (durch) die Röhre geschossen (gespült). Sie (oder er) kommt, mit einem Wort, überhaupt nicht mehr in Betracht. Die Tendenz zum krassesten Ausdruck spiegelt sich auch in der Bedeutung, die das Wort

gas angenommen hat, das ursprüngliche Gas, Brennstoff oder Benzin bedeutete. Es vermittelt nun aber eher den Gedanken des Explosiven. In der guten alten Zeit ist das Wort auch schon mehrfach idiomatisch verwendet worden, doch allenfalls in der harmlosen Haushaltsphäre.

Now you are cooking with gas – Jetzt kochst du mit Gas, will die Vorstellung vermitteln: Jetzt machst du's richtig, jetzt bist du auf dem rechten Weg. Heute sagt man:

That party really was gas – und will damit einer Party das höchste Lob spenden. Etwa: dort ging's wirklich lustig und amüsant zu. Man hört sogar:

he is a gas – gemeint ist: ein ganzer Kerl. Weniger schmeichelhaft ist das Urteil:

he's a gas, but he's glass – also er ist ein Bursche mit Charme, aber im Grunde ist nichts dahinter (nur zerbrechliches Glas). Er ist *a phoney* (auch *phony* geschrieben), also ein Blender, hinter dem nicht viel steckt, ein Typ, der nur als Schwätzer gilt, von dem man in Amerika die boshafte Redensart geprägt hat:

If he said what he thought, he would be speechless: Wenn er sagen würde was er gedacht hat, würde er sprachlos sein (denn er hat sich nichts gedacht).

The party was a riot, a scream, a panic – die Party war ein Aufruhr, ein Schrei, eine Panik, was nichts anderes besagen will, als daß diese gesellschaftliche Zusammenkunft höchst amüsant, ungewöhnlich und womöglich schrecklich aufregend verlief. (Vielleicht demonstriert die heutige Jugend mit diesen Kraftausdrücken gegen die herkömmliche

cocktail-party, die traditionsgemäß eher als Mittel gegen Schlaflosigkeit gewertet werden muß.) Eine möglichst verrückte Party wird auch

a gig – genannt, worunter oft auch eine Zusammenkunft gemeint ist, an der Neger teilnehmen; im Farbigenjargon: ein *song* oder eine Schaunummer wie etwa einen *striptease.* In Teenagerkreisen wird man immer wieder feststellen, daß

for Saturday everybody is looking for a gig – für den Sonnabend sieht sich jeder nach einer tollen, irgendwie »paprizierten« Geselligkeit um. Das davon abgeleitete Zeitwort

to gig bedeutet verrückt umhertanzen.

Let's gig, everybody! lautet bei solchen Zusammenkünften über kurz oder lang das ausgegebene Losungswort: Laßt uns alle toll tanzen. Damit sind wir bei einem Thema angelangt, das vor allem die Feststellung verlangt, daß

the twist für die Jugend von heute längst zum alten Eisen gehört. Der Twist ist mausetot. Mittelalterliche Damen in enganliegenden Hosen haben ihn gemordet. Seitdem auch sie »twisten«, ist die wirklich moderne Jugend längst zum

fish, dirty dog, or broken hip,

also zum Fisch, zum schmutzigen Hund und sogar noch zur gebrochenen Hüfte übergangen; durchwegs wilden, der individuellen Phantasie keinerlei Grenzen auferlegenden Tänzen, die seltsamerweise gemeinsam haben, daß Partner und Partnerin fast nie miteinander »Tuchfühlung« nehmen. Jeder verrenkt seine Glieder auf eigene Faust. Dieser Umstand hat offenbar die

»gebrochene Hüfte« *(broken hip)* so populär gemacht. Doch keine Angst um die Tuchfühlung! Das unter Musikbegleitung Versäumte wird später ausgiebig nachgeholt. Die Burschen von heute, deren von Beatles-Locken verhangener Blick offenbar nur verschleiert in diese Welt sieht, stehen auf dem Standpunkt: »Unsere Haare gehören uns! Wir können damit tun, was wir wollen!« Dasselbe Privileg wünschen sie (und ihre Mädchen) auch auf alle übrigen Teile ihrer Anatomie angewendet!

Der Kampf um die üppigen Knabenfrisuren unserer Tage hat in vielen Schulen Englands und Amerikas grimmig getobt. Lehrer und Schuldirektoren, die der Ansicht sind, daß der ungekämmte *Beatles*-Schopf mit der Würde einer Erziehungsanstalt nicht im Einklang steht, hatten es nirgendwo leicht, ihren Standpunkt durchzusetzen. Denn Eltern, und besonders die Mütter, stellten sich fast immer auf die Seite der Langhaarigen. Der einzige Kompromiß, den die Lehrerschaft mitunter erreichen konnte, bestand darin, daß die Knaben in der Schule ihre Lockenpracht durch ein Haarnetz (!) in Zaum hielten. Viele Knaben, besonders solche in England haben daraus eine Mode werden lassen: also Haarnetze für Knaben!

A hairraising sight – ein Anblick bei dem einem die Haare zu Berge stehen! In einer Schule in New Jersey wurden am ersten Schultag von 82 Schülern 57 sofort zum Haarschneiden geschickt.

Sie gingen aber nicht zum Friseur, sondern zogen in einem Protestmarsch immer wieder um das Schulgebäude. Ihr Sprechchor besagte: Sollen wir denn mit Glatzen in die Schule kommen? In den Mädchenschulen waren die hohen Röhrenstiefel, mit denen die jungen Damen ins Klassenzimmer trippelten, der Stein des Anstoßes. Manche Schulleiter wollen Röhrenstiefel nur bei argem Regenwetter zulassen. Und wenn, dann dürfen die Stiefel nicht weiß sein! Doch gerade das haben die Mädchen so gerne! Was die Rocklänge – oder – ihre Kürze betrifft, hat man sich in Amerika auf die Formel geeinigt: Wenn ein Mädchen niederkniet, dann soll ihr Rock den Fußboden berühren. Ansonsten muß sie heim zu Muttern, um dort ohne Säumen einen Saum anzustückeln! A propos »heim zu Muttern«: die Teenager nennen das elterliche Heim

the crib – die Krippe ... Merkwürdigerweise kann mit *crib* auch ein – Bordell gemeint sein!

Let's go to Peggy's crib besagt: Laßt uns in Peggy's Wohnung gehen

A pad – ursprünglich Kissen, (oder auch Schreibblock) hat ebenfalls – aus nicht ganz erfindlichen Gründen – die Bedeutung von »Heim« bekommen, doch ist mit

pad meistens nicht das Haus, sondern nur ein Raum, (vulgär die »Kletterbude« einer Prostituierten) ein Zimmer, gemeint. Jene armen Väter und Mütter, die bei einer Masseninvasion der Kameraden ihrer Kinder nicht in direktes Entzücken geraten, werden – sofern sie genügend Courage aufbringen können – versuchen, die Besucher bald wieder loszuwerden. Die besten Erfolgschancen haben sie, wenn sie mit den Gästen in deren eigener Sprache reden und energisch zu ihnen sagen:

Make it! Das heißt zwar wörtlich: Macht es, aber es will besagen: Macht, daß ihr wieder fortkommt.

Get lost lautete früher einmal die forsche Phrase für: »Raus mit dir!« Jetzt sagt man:

Beat it, oder auch:

Make it! Ein Ausdruck, der ursprünglich aus dem Neger-Idiom kommt und der dann allgemein von der jungen Generation Amerikas übernommen wurde. Wenn sich die Jungen entschließen, die mehr oder weniger gastliche Stätte zu verlassen, werden sie nicht, wie anno dazumal, einfach sagen:

Let's leave – laßt uns gehen. Sie werden vermutlich sagen:

Let's split! In den Wörterbüchern heißt

to split: sich spalten, brechen, bersten.

My ears split – die Ohren wollen mir zerreißen. Auch in der Bedeutung von »teilen« wurde das Wort oft verwendet.

Let's split the difference – laß uns die [strittige] Summe teilen. Für die Jugend von heute hat

to split fast ausschießlich die Bedeutung von weggehen, einen Ort verlassen, angenommen: *He's split on me* – er hat mich verpfiffen.

A splitting headache ist ein rasender Kopfschmerz.

Man kann es verstehen, wenn Eltern und Lehrer mitunter bewegliche Klage darüber führen, daß unserer rebellischen Jugend nicht leicht beizukommen ist. Die neue Generation singt dasselbe Klagelied über Eltern und Lehrer. Genau genommen, war das wahrscheinlich schon immer so. Man hat es früher vielleicht nicht so deutlich bemerkt. In Amerika pflegen die Lehrer ihrer

report card – dem Zeugnis, das sie von Zeit zu Zeit ihren Schülern ausstellen und das diese ihren Eltern zur Unterschrift vorlegen müssen, oft einige persönliche Bemerkungen hinzuzufügen, wobei mitunter Folgendes passieren kann:

A teacher wrote on one youngster's report card: »It is a pleasure to work with your Jimmy«. The boy's father wrote back: »Just try and work against him!«

Ein Lehrer schrieb auf die Schulkarte eines Jungen: »Es ist ein Vergnügen, mit Jimmy zu arbeiten!« Der Vater des Knaben schrieb zurück: »Versuchen Sie nur einmal, gegen ihn zu arbeiten!«

Das Unaussprechliche wird gerne ausgesprochen!

Seitdem es in manchen Bezirken der modernen Literatur üblich geworden ist, dem Leser nicht bloß Erotik en détail zu servieren, sondern ihm auch alle Einzelheiten des Verdauungsprozesses zu präsentieren, darf man den jungen Menschen von heute den krassen Realismus ihrer Sprache wohl kaum zum Vorwurf machen. Was früher unaussprechlich war, wird gerne ausgesprochen. Was früher umschrieben wurde, das wird jetzt genau beschrieben. Was ehedem als vulgär galt, gilt vielfach als modern! Die Anwendung des englischen Wortes

bloody wurde vor nicht allzulanger Zeit noch als

foul language – als ungehörige, obszöne Sprache bezeichnet. Jetzt ist der Ausdruck zum sogenannten »Sandwich-Wort« geworden, das heißt, man schiebt es vielfach in die Mitte eines bestehenden Begriffes ein, um seinem Ausspruch noch mehr Wucht und Wirkung zu geben. Statt des Wortes

absolutely – absolut, kann man schon die Prägung

Absobloodylutely hören, womit also ungefähr »verdammt absolut« ausgedrückt werden soll. Zum häufig verwendeten Lieblingswort der Jugend ist

to screw geworden, was ursprünglich soviel wie schrauben, oder fest anschrauben geheißen hat, aber in der Slang-Bedeutung in Amerika nur bei sehr flotten »Herrenabenden« Verwendung findet: nämlich für das ordinäre deutsche Wort »v . . . . n«, das bei Goethe (in »Hanswurst's Hochzeit«) druckreif geworden ist.

to screw war die volkstümliche Bezeichnung für das geworden, was dezenter mit

to make love – wörtlich Liebe machen ausgedrückt wird, eine für deutsche Ohren auch schon hinreichend handgreifliche Bezeichnung für den Liebesakt. Die

Teenagers (im Deutschen wird das englische Mehrzahl-Anhängsel s weggelassen, so daß man »Teenager« sagt), gebrauchen das Wort

screw nunmehr aber auch in weit harmloseren Zusammenhängen. Aber es mag sein, daß die Ur-Bedeutung noch mitschwingt und daß es deshalb als »kess« gilt, das Wort möglichst häufig zu gebrauchen.

My hair was really screwed bedeutet: Mein Haar war total derangiert, meine Frisur war total in Unordnung.

When I flunked the English test, I was really screwed – als ich bei der englischen Prüfung durchfiel, war ich vollkommen erledigt. Um der Wahrheit die Ehre zu geben, muß an dieser Stelle konzediert werden, daß nicht bloß unsere angeblich hemmungslose Jugend, sondern auch die älteren Jahrgänge nicht ganz salonfähige Ausdrücke, sogenannte

dirty words, mit weit weniger Zurückhaltung gebrauchen als anno dazumal. Vor einigen Jahren ist in Amerika sogar ein Buch, betitelt

»The Anatomy of Dirty Words«, also die Anatomie ungehöriger Wörter, erschienen, das gründliche etymologische Studien über Ursprung, Gebrauch und Bedeutung aller jener Bezeichnungen anstellt, die früher einmal nur von unartigen Knaben mit Kreide heimlich an die Mauern gekritzelt wurden. Dem Wort

the screw – ursprünglich die Schraube – ist dabei ein langes Kapitel gewidmet, das auch darauf hinweist, daß dieser »unfeine« Ausdruck in England gar nicht unfein ist. Er besagt im englischen Slang soviel wie Gehaltszulage, Aufbesserung der Gage;

a good screw bedeutet, finanziell gut gestellt sein. Eine englische Sekretärin, die einen

job in Amerika annahm, erregte heiteres Befremden, als sie im Kreise ihrer neuen amerikanischen Freunde erzählte:

»My boss gives me a good screw now and again«, womit sie ausdrücken wollte, daß ihr Chef ihr ab und zu eine ausgiebige Gehaltszulage bewilligt, während das für amerikanische Ohren etwas anderes zu besagen hat. Ich darf den weisen Ausspruch von Bernhard Shaw zitieren, der einmal gesagt hatte:

»The one thing that really divides the United States and Great Britain is their language!« – Was die Vereinigten Staaten und England voneinander wirklich scheidet, das ist ihre Sprache ... Im Wort

screwball ist jeder erotische Beigeschmack völlig verschwunden.

A screwball ist ein Wirrkopf, einer, der professoral zerstreut ist, alles durcheinander bringt und im Oberstübchen nicht immer ganz in Ordnung ist. Dieselbe Bedeutung hat

to be screw – ein bißchen »plem-plem« sein, was man auch von seinen Ideen oder seinen Plänen sagen kann.

to screw around heißt eigentlich nichts anders, als tatenlos herumlungern, die Zeit totschlagen. Die gleiche Bedeutung hat

to goof around – oder auch

to cruise around – wörtlich umherkreuzen, ziellos die Zeit verbringen. Die einzige Beschäftigung, der in solcher Situation nachgegangen wird, besteht in

shooting bull – was aber keineswegs »Stier schießen« heißt, sondern andeutet, daß man bloß zwanglos miteinander sprach, also jene Gespräche führte, die man schon immer als

small talk – kleines Geschwätz, oder Gerede, bezeichnet hat. In der Konversation der jungen Leute wird man also leicht den Satz erlauschen können:

»*What did you do? – Nothing, just shooting bull:* Was war los? Was habt Ihr gemacht? Nichts, wir haben uns bloß so unterhalten.«

Die Sprache unseres Nachwuchses läßt im allgemeinen nichts an kraftstrotzender Urwüchsigkeit fehlen. Dort wo es mildere Ausdrucksformen gäbe, wird fast immer die derbere gewählt. Aber es gibt auch Ausnahmen. Wenn man weiß, daß

the juice der Saft heißt, vornehmlich der Fruchtsaft im Gegensatz zu alkoholischen Getränken, dann ist es einigermaßen überraschend festzustellen, daß die Phrase

to be juiced in der Sprache von heute betrunken sein bedeutet. Und zwar richtig alkoholisch betrunken. Daß dieser Zustand, wenn er bei jungen Leuten festzustellen ist, den Unmut der Eltern hervorruft, ist selbstverständlich. Weniger selbstverständlich ist die sprachliche Ausdrucksform, mit der die Jugend den elterlichen Unmut umschreibt. Sie nennt ihn – eine Kuh!

to have a cow bedeutet, wütend werden, einen Temperamentsausbruch haben, also explodieren. Und zwar gilt die Phrase merkwürdigerweise nur in bezug auf die Eltern.

If I get juiced my mother will have a cow – Wenn ich betrunken bin, bekommt meine Mutter einen Wutanfall. (Arme Mama!)

to make out – wörtlich ausmachen, heißt im *college slang* weit mehr als nur zärtlich werden und ist die letzte Konsequenz aus der Zusammenfassung der altmodischen Ausdrücke

to neck – liebevoll und zärtlich sein und zwar (um anatomisch präzise zu sein) vom Hals aufwärts, wie auch

to pet – liebevoll und zärtlich streicheln, jedoch – vom Hals abwärts. »*Did you make out?*« mag der College-Jüngling seinen Freund fragen.

»*No, she wouldn't come across!*« hieß die enttäuschte Antwort. »Es war nichts zu machen!«

to come across: mit etwas herausrücken.

to mess around with a girl ist ungefähr das, was man in alten Tagen als einen intensiven Flirt bezeichnet hat. Für den Flirt gibt es überhaupt keine Bezeichnung mehr, weil unsere flotte Zeit für solch überflüssig verzögernde Sachen keine Zeit mehr hat. Auch eine richtige Liebesaffäre gehört in diese Kategorie, wobei es durchaus positiv, also als Kompliment zu betrachten ist, wenn die Liebenden einander als

a bear – einen Bären, bezeichnen. Der höchste Enthusiasmus drückt sich aus, wenn »sie« von »ihm« sagt:

That boy is really out of sight! Das bedeutet keineswegs, daß er aus dem Gesichtskreis verschwunden ist, sondern daß er den höchsten Grad von Vollkommenheit erreicht hat, somit über jede Beschreibung erhaben ist. Bei dieser Gelegenheit sei darauf verwiesen, daß das Wort

really – wirklich, zum Lieblingswort der Teenager geworden zu sein scheint. Es dient in allen Zusammenhängen als Verstärkung und Verschärfung und ist gewissermaßen ein Symbol unserer Epoche geworden, die offenbar dieses Leben durchaus verstärkt und verschärft genießen will. Auch das Wort

jumping – wörtliche Übersetzung: springend, taucht in der Bedeutung von lebendig, aufregend, packend, in allen möglichen und unmöglichen Zusammenhängen auf.

The joint was really jumping – der Ort (das Lokal) war wirklich springend, womit natürlich gemeint ist, daß dort wirklich was los war, daß es dort so flott zuging, wie es die Jugend gerne hat. Auch

a wailing party – ist eine erfolgreiche, durchaus gelungene Party, daher bekommt

we are really wailing – die Bedeutung: Wir sind wirklich in toller Form. Ebenso wie das Wort

really wird auch ein anderes Wort, nämlich

bitchin' als Ausdruck positivster Verstärkung verwendet. Dieses Wort hat es früher nicht gegeben. Es ist vermutlich vom Hauptwort

the bitch, die Hündin, abgeleitet. Der Ausruf:

You son-of-a-bitch! war einst so ziemlich der ärgste Schimpfname, mit dem man jemand belegen konnte. Einen Mann den »Sohn einer Hündin« zu nennen, das gab es natürlich in guter Gesellschaft nicht. Es hat aber offenbar die Leute von heute, und die »Teenager« nicht daran hindern können, daraus etwas höchst Anstrebenswertes und Erfreuliches zu zaubern und heute ist die Wendung bereits gesellschaftsfähig geworden:

I had a bitchin' good time – heißt: So herrlich habe ich mich in meinem Leben überhaupt noch nie gefühlt. Es war großartig! Aber selbst den erfahrenen Teenagern scheint nicht jede Party restlos zu gelingen. Eine schlecht arrangierte, erfolglose Party wäre *a half-assed party,* also eine halb »ver-eselte« Party, wenn das Wort von

the ass – der Esel abgeleitet wäre. Bei gewiegten Etymologen liegt aber die Vermutung nahe, daß es mit jenem vulgären amerikanischen Slangwort zusammenhängt, das den menschlichen Hinterteil bezeichnet und ebenfalls

the ass (arse) lautet. Der obige Ausdruck charakterisiert also eine – mit Verlaub zu sagen – »halbärschige« Party!

Bei solch verunglückter Geselligkeit seine kostbare Zeit vertrödelt zu haben, mag zu dem verärgerten Ausdruck führen:

That bugs me – das ärgert mich. *The bug* ist die Wanze, das Zeitwort

to bug, verdanken wir der neuen Generation. Den Teenagern blieb es vorbehalten, daß einen heute etwas oder jemand »wanzen« kann, es kann aber auch bedeuten, ein Zimmer mit einer Abhörvorrichtung versehen. »*This room is bugged*« ... sei also bitte vorsichtig.

Don't bug me – heißt: Ärgere mich nicht. Und wenn man so richtig wütend ist, heißt das dann

I was really pushed out of shape – Ich war wirklich aus der Fasson gebracht, aus meiner Form gestoßen, ich war fassungslos.

Hep or unhip – that is the question könnte man in einer etwas freien Variation Shakespeares zum heutigen Problem Jugend – Erwachsene sagen. Also *hep* oder *unhip,* das ist die Frage;

to be hep bedeutet, von der jungen Generation akzeptiert, als annehmbar gewertet zu sein.

An unhip person ist eine, die nicht in die heutige Zeit paßt. Sie wird auch

square genannt, ein Wort, das ursprünglich genau die entgegengesetzte Bedeutung hatte.

A square meal ist ein ausgiebiges, richtiges ordnungsgemäßes Mahl. Die Grundbedeutung von *square* ist Quadrat, eine Form mit vier gleichen Seiten. Später kam die Bedeutung von Platz dazu (zum Beispiel der Times Square, der Platz auf dem das Gebäude der großen Tageszeitung stand). Aber wie so oft, erfahren auch hier positive Qualitäten, oder zumindest solche, die bisher als positiv galten, eine negative Wertung.

A square ist also, vom Standpunkt der heutigen Jugend aus gesehen, einer, bei dem alles rechteckig und ordnungsgemäß, fundiert und solid – also altmodisch ist. Im Wort *square*, von einem jungen Menschen ausgesprochen, liegt aber vielleicht nicht so sehr scharfe Kritik als vielmehr herablassendes Mitleid, wie wenn etwa gesagt werden soll: Der (oder die) stammt aus einer längst vergangenen Epoche, mit Ansichten, die längst keine Geltung mehr haben; dem (oder der) ist eben nicht zu helfen!

Von den revolutionären Studenten Kaliforniens wird Los Angeles

Squaresville on the Pacific genannt, die Stadt der Altmodischen am Pazifik. Bei dieser Gelegenheit sei gleich vermerkt, daß das Anhängewörtchen *ville* oft dazu verwendet wird, den höchsten Grad eines Zustandes auszudrücken. Wie etwa:

Hangoversville is an extreme hangover – ein ganz besonders ausgeprägter Katzenjammer nach einer durchzechten Nacht oder eine ganz besonders bittere Enttäuschung, nachdem sich eine Illusion als solche erwiesen hat: *He's from Hangoversville!*

Die Verkehrung ins Gegenteil einer Wortbedeutung ist aber durchaus kein Einzelfall. Der Ausruf

you kill me! – du tötest mich, du bringst mich um, hat eine höchst positive Bedeutung bekommen, nämlich: du amüsierst mich königlich, du bietest mir das Beste, das ich mir wünschen kann!

Der Ausdruck höchst enthusiastischer Zustimmung lautet natürlich:

Yeah, man! Es wurde von den Beatles um die Welt getragen, oder sagen wir besser: geschmettert.

Don't give me that lip – eigentlich gib mir nicht diese Lippe, bedeutet einfach: sei nicht kess mit mir; (sprich: *gimme none o' that lip ...)*

I am nowhere hieß früher einmal schlicht und einfach: Ich bin nirgends. Jetzt bedeutet es den Zustand gründlichen Unglücklichseins. Ein Ausdruck, den auch die Erwachsenen der Sprache der Jüngeren entnommen haben, lautet

to have a ball, einen Ball haben, das heißt eine grandiose Zeit haben, sich prächtig amüsieren. Mitunter hört man auch

we had a blast – wir hatten höchsten Spaß, es war wunderbar.

The apple – der Apfel, der, wie wir alle brav gelernt haben, schon im Paradies eine gewisse Rolle spielte, bedeutet in der Sprache unserer Jugend aus nicht ganz erfindlichen Gründen die Erde, oder auch die große Stadt.

Why should we stay in the apple this weekend? Warum sollten wir an diesem Wochenende in der Stadt bleiben?

Der Begriff Geld war bisher in Amerika und England durch das Wort

dough – Teig, symbolisiert, also durch den Stoff, aus dem alles gemacht werden kann. Die Jugend hat aus dem Teig Brot gemacht;

bread bedeutet Geld und dementsprechend sind

crumbs – Brosamen, Krumen, kleinere Geldsummen.

All das ist nur ein kleiner, ein winziger Ausschnitt aus der Sprache der englischen und amerikanischen Jugend unserer Tage. Man könnte Bücher und Wörterbücher schreiben, ohne das Thema jemals restlos zu bewältigen.

Vielleicht wird das ganze Problem der heutigen Jugend durch einen kurzen Dialog ins rechte Licht gerückt, der jüngst in einer Bar in New York abgelauscht wurde:

»Ich glaube, wir Erwachsenen tun der heutigen Jugend Unrecht«, sagte da ein Herr zu einem anderen: »Sind denn die jungen Leute von heute wirklich so wild, so ungehemmt, so sittenlos? Schließlich, wenn ich zurückdenke, habe ich mit meiner Frau auch ein Verhältnis gehabt, noch ehe wir geheiratet hatten. Sie nicht auch?«

Darauf der zweite Herr: »Wie war denn ihr Mädchenname?«

Englisch, wie es im deutschen Wörterbuch steht

Oder sehr bald stehen wird!

Denn der englischen und amerikanischen Brocken, die in die deutsche Umgangssprache eingedrungen sind, werden immer mehr. Sie setzen sich immer tiefer in der deutschen Alltagskonversation fest und klingen vielen deutschen Ohren bereits so vertraut, daß sie gar nicht mehr als Fremdkörper empfunden werden. Sie haben in weiten Kreisen bereits Bürgerrechte erworben. Oft ist die deutsche

Version eines englischen Wortes »verballhornt« und – fast hätte ich gesagt – *getwisted.* Oft entstehen aus einem englischen und einem deutschen Wort sprachliche Mischehen, die ungeratene Kinder zeugen. Und man hat es dann bei sich selbst zu entscheiden, ob man die seltsamen Verschmelzungen sprachpuritanisch beklagen oder als völkerverbindend begrüßen will.

Die englisch-amerikanische Invasion der deutschen Sprache begann lange vor dem zweiten Weltkrieg. Ein Liedchen, in dem der volkstümliche Wiener Klavierhumorist Hermann Leopoldi schon anno 1925 ein kleines Provinznest namens Langenlois besang, scheint das zu beweisen:

In Langenlois, in Langenlois
Gibt's keine Girls und keine Boys
Dort gibt es nur Buama und Madeln
Mit nackerte Knie und mit Wadeln . . .

Schon damals wußten natürlich auch die breitesten Massen in Stadt und Land, was ein

girl und was ein

boy ist. Aber viel weiter gingen die englischen Sprachkenntnisse aller Langenloiser in den deutschen, österreichischen und schweizer Gauen wohl kaum. Heute sind auch sie Fußball-*Fans* oder Jazz-*Fans* oder auch Sinatra-*Fans* geworden, sie können

Bluejeans genau von einem

Bikini unterscheiden. Und selbst wenn sie damit anfangs Schwierigkeiten haben möchten, sagt ihnen die Erfahrung, daß das, was von den Titelseiten der Illustrierten winkt, meistens ein *Bikini* ist.

Bluejeans ist ein Wort, das es im Englischen nicht gibt. Es gibt aber

jeans, das sind jene (meist blauen) knapp bemessenen Hosen oder Overalls aus geköperter Baumwolle, für die man den Ausdruck »hauteng« erfunden hat, ein Umstand, der ihnen in weiten Kreisen der Weiblichkeit zu besonderer Beliebtheit verhalf. Die in Europa bei der Jugend so populären Niethosen nennt man in Amerika *levys,* nach ihrem Erfinder Levy, der sie für die Goldgräber mit Nieten an den Taschen versah – wie überliefert wurde – um das Herausfallen der *nuggets* (Goldkörner) zu verhindern. Fast überall in Deutschland weiß man heutzutage auch,

daß besagtes
Bikini-Mädchen auch
covergirl genannt werden kann, eben weil es
the cover – den Einband oder die Titelseite einer Zeitschrift schmückt. Daß der wichtigste aller *Appeals* der
sex-appeal ist, hat sich inzwischen nicht bloß in Langenlois herumgesprochen, ebenso die Tatsache, daß es für eine junge Dame, die Karriere machen will, die beste
publicity – Reklame – bedeutet, wenn sie an einem
TV-Quiz, an einem Fernseh-Rätselraten von möglichst vielen gesehen wird. Die schlimme Prägung
Sex-Bombe aber haben weder England noch Amerika, sondern einige deutsche »Kolumnisten« auf dem Gewissen.
columnists sind jene Journalisten, die regelmäßig in den Zeitungen ihre Spalte,
a column, schreiben, die man oft auch in Europa »Kolumne« nennt und die sehr oft auch eine Klatschspalte ist. Mit der Einbürgerung des Wortes »Gossip-Kolumne« muß deshalb wohl bald gerechnet werden.

Die Überfremdung der deutschen Alltagssprache mit englischen und besonders amerikanischen Prägungen, ist verständlicherweise auf jenen Gebieten besonders stark geworden, die mit dem Westen intensiveren Kontakt haben; also in der Wirtschaft, im Sport und vor allem im »Schaugeschäft«, das in gutgeschriebenen deutschen Tageszeitungen mitunter schon zum
Show-business geworden ist. Niemand wundert sich mehr, wenn man in deutschen Wirtschaftskreisen den Satz zu hören bekommt: »Wir haben kürzlich einen neuen
account übernommen, womit gesagt werden soll, daß ein neuer Klient, ein neuer Etat geworben wurde. Weil man dabei an *den* Kunden, bzw. *den* Klienten denkt, hat man dem Wort das männliche Geschlecht verliehen, wiewohl
the account (das Konto, die Rechnung, die Aufstellung) im Englischen natürlich sächlich ist. Daß das Wort
public relations in der deutschen Sprache unverändert seinen Eingang fand, ist nicht verwunderlich. Der Begriff als solcher war außerhalb Englands und Amerikas so gut wie unbekannt. Erst

im letzten Jahrzehnt hat man auch anderswo erkannt, daß die Vorstellung, das Bild, das *the image*, das sich die öffentliche Meinung von einer Aktion, einer Ware, einem Kunstprodukt und auch von einer Person macht, mitunter von entscheidender Erfolgsbedeutung werden können. Dieses »Image« aufzubauen, ihm nachzuhelfen, wenn es mangelhaft, es zu korrigieren, wenn es unrichtig war, haben jene Spezialisten übernommen, die man »Public Relations«-Leute nennt. Ihr Fach ist »Publicity«. Sie sind zahlreich geworden wie der Sand am Meer und behaupten, sie wären unentbehrlich. Ein Werbefeldzug ist zur »Kampagne« geworden, eine kleine Verschnoddelung des englischen Wortes *campaign*. Die Vorführung einer neuen Musterkollektion scheint manchem wirksamer zu werden, wenn man sie *Presentation* nennt und die neue Sorte einer Ware läßt sich vielleicht besser verkaufen, wenn man von einer neuen *Brand* spricht. Der Kaufmann von heute muß auch etwas von *Marketing* verstehen, das man früher schlicht und einfach Verkaufstechnik genannt hat. Es ist von *to market:* ein- oder verkaufen, handeln, auf den Markt bringen, abgeleitet. Daß der Chef längst kein Chef mehr, sondern zum *Boss* geworden ist, weiß man heute überall. Diese Tatsache erinnert an die Geschichte der Sekretärin, die von einer Kollegin gefragt wird: *»How is your boss?«* Und die Antwort bekommt: *»You can't help admiring him. If you don't, you are fired!«* Also etwa: »Wie ist dein neuer Vorgesetzter?« – »Man kann nicht umhin, ihn zu bewundern. Wenn man's nicht tut, fliegt man raus!.« Auch dem Wort *Discount-Laden* begegnet man im deutschen Sprachgebiet immer häufiger.

The discount ist der Rabatt, der Abzug, der Nachlaß. Wer im »Discount-Laden« kauft, rechnet damit, daß er die Ware billiger bekommt als anderswo, und man kann ihm nur wünschen, daß er sich nicht verrechnet. Ein im deutschen Geschäftsleben jetzt schon oft gebrauchtes Wort, dem man den Eintritt ins deutsche Wörterbuch verwehren sollte, lautet: *upchecken*, das auch primitiverem Sprachgefühl einen argen Stich versetzt.

A check ist eine Untersuchung, eine Kontrolle. Wer um seine Gesundheit bangt, geht alljährlich mindestens einmal zum Arzt oder in ein Hospital zu einem

check-up. Muntere Sprachbilder haben daraus ein deutsches Zeitwort geformt und sagen ohne Herzklopfen etwa: »Ich weiß nicht ob wir das auf Lager haben, da müßte ich erst mal *upchecken!«* Der Ausdruck

Bestseller, bekanntlich ein Buch, das sich bestens verkauft, ist längst dem deutschen Wortschatz einverleibt. Der Autor setzt es mit etwas saurem Gefühl hierher, weil er weiß, daß sein eigenes Werk nicht so leicht dazu gehören dürfte! Aber er hat den Trost, einen

steady-seller verfaßt zu haben und hofft, daß auch sein zweites Buch einer sein wird und damit mehr als ein

evergreen, was sich in der deutschen Verlegersprache jedenfalls vorteilhafter anhört als im amerikanischen Literatenjargon (Die Bühnenwelt kennt den Begriff für langlebige Schlager oder Operetten.) Aus der Welt des Films, des Theaters und des Fernsehens haben sich viele amerikanische Wörter in den deutschen Sprachbereich eingeschlichen. Manchmal kamen sie heil, manchmal stark lädiert dort an. Ein

Boxoffice ist in Wirklichkeit eine Theater- oder Kinokasse, hat aber im übertragenen Sinn die Bedeutung von Zugkraft, Profitmacher bekommen. In seiner deutschen Version wird das Wort nur im übertragenen Sinn angewendet. Etwa: »Dieser Film ist aber wirklich schlecht, er hat überhaupt kein Boxoffice«, also keinerlei Zugkraft; die Kinokasse bleibt leer. Daß der Mann, der im Atelier den Film zurechtschneidet,

Cutter genannt wird, ebenso wie in Amerika auch in Deutschland, ist nicht weiter verwunderlich. Falls aber diese Tätigkeit von einem weiblichen Wesen besorgt wird, dann spricht man in der deutschen Filmproduktion auch schon von einer

Cutterin, ein Wort, das in England und Amerika kein Mensch, ja nicht einmal ein Filmmensch, verstehen würde. »Hast du das auch richtig gecuttet?« kann man in deutschen Ateliers schon häufig hören. Dabei wurde auch die Aussprache gewissermaßen verdeutscht. Man sagt in Deutschland »geköttet«, was sprachbild-

nerisch schon recht kühn ist. Denn das englische Zeitwort
to cut – schneiden, wird »tu katt« ausgesprochen; »to kött« ist eine kontinentale Prägung.

Fremdwörter sind eben Glücksache, wie auch die Story jenes Mannes beweist, der seine Gattin humorvollerweise als seine bessere Hälfte bezeichnen wollte, was, wie er dachte, noch kultivierter klingt, wenn er es auf englisch tut. Er wollte sagen: *»My better half«*. Er sagte aber: *My bitter half«!*

Getestet, streamlined and interviewt!

Im Bereich der Filmateliers ist auch die gemischte Prägung
Castingdirektor fast schon zu einem deutschen Wort geworden. Es bezeichnet jenen Direktor, der das
casting – das Besetzen der Rollen besorgt, der also im Leben der Filmschauspieler- und spielerinnen eine mächtige Persönlichkeit darstellt. Auch das
type-casting hat sich, in Wort und Tat, bereits in die deutschen Filmstudios Eingang verschafft. Man versteht darunter, daß Akteure und Akteurinnen oft deshalb für eine Rolle gewählt werden, weil sie eine gleiche oder ähnliche Charaktertype schon einmal erfolgreich dargestellt haben. Ein Schauspieler, der einmal einen Mörder sehr wirkungsvoll gespielt hat, würde vielleicht auch als braver und gütiger Bürger ausgezeichnet sein. Aber er bekommt beim Film und auch im Theater fast immer wieder nur Mörderrollen zugeteilt und muß seine ganze Karriere lang ein Missetäter bleiben, bloß weil er sich das erstemal als ein solcher gut bewährt hat. Die bewegten Klagen über
type-casting nehmen in Schauspielerkreisen kein Ende. Zweifellos hat Amerikas schlechtes Beispiel hier die guten europäischen Sitten verdorben. Der Produzent (beim Film und in der Schallplattenindustrie) ist auch in Deutschland längst schon oft zum
Producer geworden. Die Probe, das Experiment, der Prüfstein heißt jetzt meistens »der Test« und aus dem Zeitwort

to test – etwas untersuchen, mit einer Sache experimentieren, ist das Zeitwort »testen« geworden, das auch ohne jedes sprachliche Herzklopfen mit dem deutschen Vergangenheits-Anhängsel versehen wird, so daß sich auch Leute, die sich sonst einer gepflegten Sprache bedienen, oft nicht mehr scheuen den Satz auszusprechen: »Die Sache haben wir genau getestet!«

Das englische Wort »Interview« ist schon im vorigen Jahrhundert in den deutschen Sprachschatz aufgenommen worden.

Mit dem Zeitwort

to interview und vielen anderen hat sich derselbe Prozeß abgespielt. »Ich habe gestern den Kanzler interviewt«, ist ein Satz, der den meisten Ohren gar nicht mehr weh tut, wiewohl er weder darauf Anspruch erheben kann, deutsch noch englisch zu sein. Das Schluß-»t« im Wort

interviewt – ist das kühne Privileg der Verdeutscher, die sich aber merkwürdigerweise bei anderen, ähnlich willkürlichen Bildungen an die Ursprungsschreibart gehalten haben.

to streamline heißt, einer Sache die Stromlinie zu geben. In der Fassung »Wir haben die Dinge gestreamlined«, also sie aufeinander abgestimmt, sie aneinander angeglichen, hat sich die englische Endung »*ed*« unverfälscht erhalten. Eine Klärung wird wohl erst erfolgen, wenn all diese Mischworte nicht bloß häufig gesprochen, sondern auch häufig gedruckt werden. Der Ausdruck »Evergreen« – Immergrün, hat ebenfalls längst das Licht der deutschsprachigen Druckerschwärze erblickt, wie wir schon gesehen haben. In Amerika und England wird das Wort nur selten in jener Bedeutung verwendet, die im Deutschen ihre fast ausschließliche geworden ist. Man versteht unter

evergreen fast immer eine Schallplatte oder ein Musikstück, das schon vor Jahren entstanden, aber seine Zugkraft noch erhalten hat. Es bleibt sozusagen immer grün.

A hobby – eine Liebhaberei, ist längst zum deutschen »Hobby« geworden. Es gibt auch bereits einen

Hobby-Laden, ein Laden, in dem man allerlei Dinge zu kaufen bekommt, die manchem zur Liebhaberei geworden sind. Überall in deutschen Landen weiß man heute auch schon, was eine

Snackbar ist, eine Gaststätte, in der man

snacks – kleine Imbisse bekommt, die auch mitunter etwas größer sein können.

Die grammatikalische Verdeutschung englischer Ausdrücke zeigt sich auch darin, daß englische Hauptwörter, die bekanntlich alle mit kleinen Anfangsbuchstaben geschrieben werden, sich im deutschen Sprachgebrauch große Anfangsbuchstaben zugelegt haben.

A feature ist ein

Feature geworden und wird im Deutschen nicht immer ganz präzis angewendet. Aber gerade bei diesem Beispiel ist die Bedeutungsverschiebung naheliegend, denn auch im Englischen ist der Begriff *feature* nicht unbedingt klar umrissen. Ursprünglich ist

a feature ein charakteristisches Merkmal, der Gesichtszug, die Eigentümlichkeit. Die englische Fernseh-, Film-, Radio- und Zeitungswelt hat das Wort adoptiert und benutzt es dazu, ihr Produkt zu unterstreichen, ihm besondere Prominenz zu geben. Man spricht von einem Feature-Film, von einer Feature-Sendung, von einer Feature-Story, wenn man damit spezielle Aufmerksamkeit erregen will. In dieser übertragenen Anwendung ist das Wort in deutschen Landen populär geworden. Ja, auch das Zeitwort *to feature* – besonders hinausstellen, groß ankündigen, wird bereits als deutsches Zeitwort in Fachkreisen viel verwendet. In einem Münchener Atelier hat der Autor auch schon den stolzen Satz gehört: »In unserem neuen Film *feature*n wir Sophia Loren!«

Die Werbedurchsagen im Rundfunk und im Fernsehen werden in angelsächsischen Ländern

commercials genannt. Im Fachjargon wird auch mitunter das Wort

spot gebraucht, das ursprünglich: Fleck, Stelle, Mal und noch vieles andere bedeutet. Die deutschen Fachleute haben gerade dieses Wort okkupiert und sprechen von einem

Fernsehspot, wenn sie einen Werbefilm im Fernsehen im Auge haben. Die typisch britische Prägung

Understatement, die in Amerika erst später Eingang gefunden hat – denn der Engländer neigt viel eher zum *understatement* als der Amerikaner, – habe ich, mit großem Anfangsbuchstaben geschrieben, also zum gültigen deutschen Ausdruck *»Understatement«* verwandelt, schon mehrfach im ›Spiegel‹ gelesen, einer

Zeitschrift, die sich offenbar grundsätzlich eine meistens besonders kultivierte Sprache angelegen sein läßt. Ein »Understatement« ist eine Feststellung, die mit besonderer Bescheidenheit, Zurückhaltung, besonders maßvoll formuliert ist. Wenn also etwa die stark paprizierte ungarisch-amerikanische Filmschauspielerin Zsa Zsa Gabor erklären würde: »Ich habe in meinem Leben verhältnismäßig nur selten geheiratet«, so könnte man das mit leicht satirischem Unterton ein »Understatement« nennen. Der

slip, im Englischen und Amerikanischen ein Bestandteil weiblicher Unterkleidung, hat sich auf der Reise nach Europa merkwürdigerweise in eine Herrenunterhose verwandelt. Das Buch mit weichkartonierten Einband,

paperback, ist als solches ebenfalls in den deutschen Sprachbereich aufgenommen worden, wohingegen das

pocketbook nicht, wie man seiner wörtlichen Übersetzung nach schließen müßte, ein Taschenbuch ist. Das ist es heute in Deutschland, Österreich und der Schweiz. In Amerika ist es die weibliche Handtasche (aber auch ein billiger Krimi). Aus

rock'n'roll hat man kühn und simpel das »deutsche« Wort Rockenroll gezimmert und

the trend ist als Trend in seiner Urbedeutung (allgemein Tendenz, Richtung, Lauf) längst schon von vielen ins Deutsche übernommen worden. Der Trunk ist zum

drink geworden: »Komm doch mal rauf zu einem kleinen Drink!«

Der Gag hat sich bei seiner Verwandlung ebenfalls in ein deutsches Wort etwas verändert.

The gag ist eigentlich ein Knebel, mit dem man jemandem den Mund verstopft, in seiner übertragenen Bedeutung aber ein meist grotesker Scherz, ein Witz, mit dem Bühnenautoren ihren Dialog zu würzen suchen. In der deutschen Verwendung ist vom Knebel nicht mehr die Rede. Hier ist nun mehr die Scherzbedeutung geblieben: er macht sich einen Gag daraus! Der

striptease, der in manchen Kreisen so beliebte Entkleidungstanz, ist ebenfalls (vermutlich um einem dringenden Bedürfnis abzuhelfen) dem deutschen Wortschatz einverleibt worden; genau wie

Newlook, eine Prägung, die aus »the new look« zusammengezogen wurde und wörtlich der neue Blick, das Aussehen, das neue Aus-

sehen, also die neue Mode (der damaligen langen Kleider) bedeutet. Zu den absonderlichsten Schöpfungen dieser einzigartigen Sprachvermischung, die wir alle miterleben, gehören Ausdrücke, die es im Amerikanischen gar nicht gibt! Das beste Beispiel ist das Wort

Twen – eine gar nicht so unglückliche Prägung, die zum Titel einer intellektuellen Zeitschrift der heranwachsenden Generation geworden ist. In Anlehnung an das englische Wort

Teenagers, mit dem man die Jugend zwischen dreizehn und neunzehn bezeichnet (thirteen – nineteen) wurde für die reifere Jugend das englische Wort

twenty verwertet und mit »Twen« ein Begriff geschaffen, der die Jahrgänge über 20 symbolisiert. Das Wort »Twen« ist in England genau so unbekannt wie in Amerika!

Der Komplex »Englisch, wie es bald im deutschen Wörterbuch zu finden sein wird« würde ein eigenes dickes Buch füllen, und zwar eines, das jeden Tag noch dicker werden müßte. Laß mich, lieber Leser in diesem engeren Rahmen die obige kleine Auswahl mit einem Begriff beschließen, der nun auch zu einem deutschen geworden ist:

Do it yourself – mach's dir selbst. Der

trend zum

do it yourself ist auf allen Gebieten festzustellen. Kürzlich wollte sich ein Mann sogar seine sozialisierte Krankenfürsorge selbst fabrizieren. Er ging mit seinem Leiden zum berühmtesten Spezialisten, der für einen Besuch nicht weniger als fünfzig Dollar berechnet.« Aber lieber Herr Doktor«, jammerte der Patient, »ich habe eine Frau und sechs Kinder zu Hause!« Worauf der mitfühlende Arzt sein Honorar auf 25 Dollar reduzierte. »Das ist ja mehr als die Hälfte meiner Monatsmiete«, seufzte der Mann, worauf der Medizinmann nur mehr zehn und schließlich gar nur fünf Dollar für seine Hilfe verlangte. »Aber sagen Sie mir eines«, meinte der Arzt zum Schluß, »ich gelte als Kapazität in meinem Fach. Ich bin berechtigt, solche Honorare zu verlangen. Weshalb sind Sie eigentlich gerade zu mir gekommen?« »Herr Doktor«, entgegnete der Patient, »wenn es um meine Gesundheit geht, spielt Geld bei mir keine Rolle!«

Wie behandelt man einen Verkehrspolizisten?

In Amerika kann man alles aus Büchern lernen. Oder nahezu alles. Wie man ein Hypnotiseur wird, ein Skifahrer oder Bridgespieler, ein Seiltänzer oder Klaviervirtuose – für alles gibt es sorgfältig geschriebene Leitfäden. Nur die Kunst, einen Verkehrspolizisten richtig zu behandeln,

how to handle a traffic cop – das hat noch kein Autor zu lehren gewagt. Hier liegt eines der wenigen Gebiete in diesem menschlichen Dasein, auf dem Schriftsteller und Verleger noch ihr Glück machen könnten.

»*Pull over, bud!*« Also etwa: Fahr' mal rüber, Freundchen«, ist eine liebenswürdige Aufforderung, die den Angesprochenen meistens Geld kostet. Manchmal auch Zeit. Es sind jene verhängnisvollen Worte, die ein amerikanischer Verkehrspolizist spricht, wenn er einen Autofahrer anhält, der gegen die Vorschriften verstoßen hat. Aber

a pullover ist bekanntlich jenes wollene Kleidungsstück, das man über den Kopf hinweg überstreift.

to pull over heißt: hinüberziehen, hinüberrücken. Zu einem Autofahrer gesprochen, bedeutet es: Fahr' mit deinem Wagen an den Straßenrand, damit wir hier den Verkehr nicht behindern, denn, Freundchen, ich habe mit dir zu reden. Solch eine Aussprache endet gewöhnlich mit einem

ticket, mit dem Strafzettel für Verkehrssünder. *These three words instantly touch off an unbelievably well-worn list of excuses* – diese drei Worte lösen sogleich eine unglaublich abgedroschene Liste von Entschuldigungen (also Ausreden) aus. Die beliebteste aller Schnellfahrer-innen lautet:

»*My baby has just swallowed a pin!*« Mein Kind hat soeben eine Stecknadel verschluckt. Damit weist er [sie] entsetzten Blikkes zum Baby auf dem Rücksitz. Daß da Eile geboten ist, liegt auf der Hand. Doch der amerikanische Verkehrspolizist glaubt nicht gleich an alle verschluckten Nadeln, zumal es passieren kann, daß das Baby mitten in die Debatte hinein fragt:

»*Can I stop crying now, daddy?* Kann ich jetzt zu weinen aufhören, Papa?«

The motorcycle cop – der Verkehrspolizist auf dem Motorrad, hat es auch schon erlebt, daß ein Automobilist, den er wegen Schnellfahrens

for speeding – angehalten hat, ihn händeringend anfleht, von einem

ticket – einem Strafmandat, abzusehen, weil das

a nervous breakdown – einen Nervenzusammenbruch der mitfahrenden Dame zur Folge haben müsse. Der weibliche Passagier im Wagen – wir wollen hoffen, daß es sich da um die legitim angetraute Gattin des Fahrers handelt – zeigt in diesem Augenblick schon alle Anzeichen eines herannahenden hysterischen, mit Tränen gewürzten Anfalles:

The woman passenger is going into tearful hysterics, fällt aber, da dies auf das Auge des Gesetzes keinen Eindruck macht, plötzlich und wütend aus der Rolle. Die Dame wendet sich ärgerlich an ihren Mann und sagt:

I told you it wouldn't work! – »Ich hab' dir gesagt, es wird nichts nützen!« Es nützt auch meistens nichts.

On the spur of moment – also auf [über] den Ansporn des Augenblicks, einer plötzlichen Eingebung folgend, werden in obiger Situation die bizarresten Ausreden erfunden. Meistens

to no avail – zu keinem Nutzen, also vergeblich.

On the spur of the moment means to do something suddenly without previous consideration. Die Redensart bedeutet also, etwas plötzlich tun, ohne vorherige Überlegung. *On the spur of the moment he asked Susan to marry him und she said »Yes«!* Einer plötzlichen Eingebung folgend, bat er Susanne ihn zu heiraten, und sie sagte: »Ja«. Woraus man deutlich ersieht, wie gefährlich es ist, so etwas

on the spur of the moment zu tun. Weder bei einem Mädchen, noch beim Verkehrspolizisten. Es hilft nicht einmal, wenn die sündige Autofahrerin mit unschuldigem Augenaufschlag sagt:

But officer, usually I drive much faster! »Aber *officer* – das ist der Titel (Offizier) mit dem der amerikanische Polizeibeamte meistens angesprochen wird –, für gewöhnlich fahre ich doch viel schneller!«

Bei Autofahrern erfreuen sich Verkehrspolizisten begreiflicherweise nicht unbeschränkter Beliebtheit. Ein boshafter Komiker meinte kürzlich, die Bemühungen von »Lady Bird«, der Gattin des Präsidenten, die Autobahnen zu verschönern und von allen großen Reklameplakaten zu befreien, seien deshalb so begrüßenswert, weil man doch auf diese Weise die Verkehrspolizisten schon vom Weiten ausmachen könne ...

Der einzige Rat, den man Automobilisten für den Umgang mit der Verkehrspolizei geben kann, lautet:

Don't argue – you will only double your trouble – Widersprechenicht, streite nicht, du verdoppelst nur deine Unannehmlichkeiten. Unter den mächtigen amerikanischen Straßenkreuzern erregt der europäische Kleinwagen immer noch – allerdings nicht mehr so stark wie früher – einiges Aufsehen, was aus folgender, angeblich wahren Geschichte hervorzugehen scheint:

The motorcycle cop stared in astonishment as the tiny foreign car sped down the road. It was jumping two feet into the air every half minute or so. The policeman sped after it. »What is the matter?«, he asked the driver. »Nothing, officer, nothing«, said the man. »It's me, I have got the hiccups!«

Der motorisierte Verkehrspolizist starrte verwundert, als der winzige ausländische Wagen die Straße hinunterraste. Der Wagen sprang etwa alle halbe Minute zwei Fuß in die Luft. Der Polizist raste ihm nach. »Was ist los?« fragte er den Fahrer. »Nichts, *Officer*, gar nichts«, meinte der Mann. »Ich bin's doch, ich hab' den Schluckauf!«

Als die Zeugin eines Autounfalles zu Gericht gerufen wurde, hat sich dort Folgendes zugetragen:

»Raise your right hand«, the judge told the woman preparing to testify. The witness promptly raisend her left hand. »You'll have to raise your right hand« said the judge. »This is my right hand«, she insisted, »I am left-handed!«

»Heben Sie Ihre rechte Hand«, forderte der Richter die Dame auf, die eben ihre Zeugenaussage machen wollte. Die Zeugin erhob prompt ihre linke Hand. »Sie müssen Ihre rechte Hand erheben«, sagte der Richter. »Das ist meine *rechte* [im Doppelsinn: richtige] Hand«, beharrte sie, »ich bin linkshändig!«

Amerika, das meistmotorisierte Land der Welt, entfaltet in all seinen Staaten eine lebhafte Propaganda für vorsichtiges Autofahren. Die Aufschriften sind oft ebenso originell wie amüsant, wie zum Beispiel die folgende, die auf einer Autobahn in Alaska zu finden ist:

The man who can drive safely while kissing a pretty girl is not giving the kiss the attention it deserves! – Der Mann, der sicher Auto fahren kann, während er ein hübsches Mädchen küßt, gibt [widmet] dem Kuß nicht jene Aufmerksamkeit, die er verdient!

An der Kreuzung zweier großer

Parkways, also wörtlich übersetzte Parkwege, wie man die ausgedehnten Autobahnen Amerikas nennt, findet sich ein Gedicht, das sich Schnellfahrer ins Stammbuch kleben sollten.

Es lautet:

He had »the fastest car in town«
Or so he always said.
We'll never know if this was true
Because, you see, he's dead.
He made all trips in record time
Of that he always raved.
I wonder what he's doing now
With all the time he saved.

Er besaß den »schnellsten Wagen der Stadt« – oder zumindest behauptete er das immer. Wir werden niemals erfahren, ob das wahr war, er ist nämlich tot! Er machte alle Fahrten in Rekordzeit, davon hat er immer in den höchsten Tönen geredet. Ich möchte doch gerne wissen, was er jetzt mit all der Zeit anfängt, die er erspart hat.

Die Verkehrspolizisten von Lake Placid, der bekannten Sommer- und Winterfrische, sind besonders freundliche Leute. Sie stecken den Automobilisten, die an verbotenen Stellen geparkt haben, folgende

Courtesy Card – Höflichkeitskarte – an den Wagen:

You have violated our parking regulations. We feel sure that this was not intentional. We are pleased to have you in our community and hope you will come again. Please observe our parking regulations hereafter! Sie haben unsere Parkvorschriften verletzt. Wir sind sicher, daß das nicht mit Absicht geschah. Wir freuen uns, Sie in unserer Gemeinde begrüßen zu können und hoffen, daß Sie wiederkommen werden. Bitte beachten Sie von nun an unsere Parkvorschriften.

Im Neger-Slang Amerikas wird der Polizist (wie häufig der weiße Mann überhaupt) oft einfach als

the man bezeichnet. Bei der schwarzen, aber auch bei der weißen Jugend kann man für die Polizisten die Ausdrücke

blue boys (die blauen Jungen, wegen ihrer Uniform) oder auch

the nabs hören, vom Zeitwort

to nab: arretieren, abgeleitet. Nicht sehr schmeichelhaft, sondern natürlich ironisch ist die Bezeichnung

the do-right-daddies, die »Pappis«, die immer nur das Rechte tun.

A sniffer ist ein Polizeihund und

rosewood, wörtlich Rosenholz, ist die satirische Bezeichnung des Knüppels, mit dem der amerikanische Polizist bewaffnet ist. Daß der Arm des Gesetzes in den Vereinigten Staaten mitunter nur allzu einsatzbereit ist, scheint die folgende Story zu beweisen:

A woman who had recently taken up piano lessons had her practising interrupted by a pounding at the door. She gave a start when she opened and found a policeman standing impatiently on the threshold. »What is the matter?« she asked breathlessly. – »We just got a phonecall«, said the policeman, »that a fellow, named Chopin was being murdered in this home.« Eine Dame, die erst seit kurzer Zeit Klavierstunden nahm, wurde beim Üben durch heftiges Pochen an der Tür unterbrochen. Sie fuhr zusammen, als sie öffnete und einen Polizisten ungeduldig auf der Schwelle stehen fand. »Was ist denn los?« fragte sie entsetzt. »Wir haben eben einen Telefonanruf erhalten«, sagte der Polizist, »daß ein Mann namens Chopin gerade in diesem Hause umgebracht wird!«

»Spuck es aus« ...
und andere
seltsame Redensarten

»Schieß los!« in der Bedeutung: »Erzähl' doch schon«; das kann man auch auf Englisch sagen.

Shoot! bedeutet genau dasselbe. Daß auch die Fotografen »schießen«, und zwar sowohl auf englisch wie auch auf deutsch, ist schon bekannt. Weniger bekannt ist, daß man eine Nachricht oder Mitteilung auf englisch auch ausspucken kann.

Spit it out ist die volkstümliche Wendung: Sag' es ohne Zaudern.

to strike home means to have an effect – bedeutet also: in das Schwarze treffen, seine Wirkung tun.

My advice struck home: Mein Rat tat seine Wirkung.

Hit it on the button – triff es auf den Knopf besagt: Sprich zur Sache; sprich vom Wesentlichen. Auch im Englischen trifft man den Nagel auf den Kopf und meint damit das Gleiche wie die deutsche Redensart.

to hit the nail on the head ergibt also dasselbe Sprachbild wie das deutsche. Jenen unserer lieben Mitmenschen, die mitunter den Mund ein bisschen voll nehmen, wäre der gute Rat zu geben

to speak softly, to pipe down, to soft pedal. Alle drei Wendungen besagen: Nehmen Sie sich nicht zuviel heraus, sprechen Sie etwas weniger selbstbewußt (oder frech). Mit einem Wort: Reden Sie bescheidener. Die wörtlichen Übersetzungen wären: Leise sprechen, niedrig pfeifen, aufs dämpfende Pedal treten.

He has piped down considerably heißt ungefähr: Er ist wesentlich bescheidener geworden; er redet nicht mehr so groß, nimmt den Mund nicht mehr so voll. Eine Bemerkung heißt auf englisch

a remark. In der amerikanischen Umgangssprache wird man weit öfter

a crack – eine boshafte Bemerkung, hören.

A bad crack is a blundering or embarrassing remark. – Ein schlechter *crack* ist eine bösartige Bemerkung,

a dirty crack is a cutting remark. – Ein schmutziger *crack* ist eine schneidende [beißende] Bemerkung.

»Sein Hemd anbehalten«, ist eine amerikanische und auch in England oft gebrauchte Redensart, die den weisen Rat gibt, sich nicht aus der Fassung bringen zu lassen:

to keep one's shirt on.

Laß es dir nicht nahe gehen, laß es dich nicht ›erwischen‹, wird mit dem *idiom*

don't let it get you wiedergegeben. Wenn man sich aber einer Gemütsbewegung trotz allen guten Willens nicht erwehren kann, dann sagt man:

It gets under my skin – also ungefähr: Es geht mir unter die Haut, ich kann es einfach nicht abschütteln.

I don't have the first notion – ich habe nicht die geringste [nicht die erste] Vorstellung von der Sache, wird noch volkstümlicher mit der Redensart wiedergegeben:

I haven't the foggiest [idea], manchmal auch bloß:

I haven't the foggiest – ich habe nicht die nebelhafteste [Idee] , was eine mehr britische Wendung ist.

»Er hat es in sich«, ist eine deutsche Redensart, die zum Ausdruck bringen will, daß jemand ein »ganzer Kerl« ist, ein Mann, der seine Sache versteht. Das gleiche *idiom* gibt es im Englischen:

He's got the stuff for it – er hat den Stoff in sich und zwar den richtigen, den man braucht, um in der Welt vorwärts zu kommen.

to be on a level with heißt: auf dem gleichen Niveau sein, der Aufgabe gewachsen zu sein;

He's on the level – Er ist ausgerichtet, ehrlich, man kann sich auf ihn verlassen.

to level ist ein Zeitwort, das dem im Deutschen oft gebrauchten Fremdwort »nivellieren« gleichkommt.

Is that on the level – ist es wirklich so?

Der gute Mond, der nach dem berühmten schönen Lied, so stille durch die Abendwolken wandert, hat es allen Sprachschöpfern angetan:

Once in a blue moon – einmal in einem blauen Mond – bedeutet: äußerst selten, und zwar so selten, daß damit fast schon »niemals« angedeutet werden soll. Warum der Mond als blau gilt, das wissen die Götter. Aber vielleicht werden es auch die Menschen bald wissen, die ja den Mond demnächst zu besuchen hoffen. Dann wird es vermutlich auch nichts mehr mit seinen stillen Abendspaziergängen sein!

This is all moonshine: Das ist alles Unsinn, Humbug. Und wenn jemand große Rosinen im Kopf hat, wenn er das Unerreichbare erreichen will, sagt man von ihm

he is shooting at the moon – er schießt nach dem Mond; eine Redensart, die wörtlich genommen – wenn man den Vorhersagen unserer Wissenschaftler glauben kann – bald ihre Geltung verlieren mag. In der amerikanischen Umgangssprache, insbesondere der der Studenten, hat die Mondschießerei noch eine andere, ungewöhnliche Bedeutung bekommen:

To do a moonlight flit, oder

to shoot the moon means: To move one's belongings at night to avoid seizure for unpaid rent. – »Den Mond schießen«, bedeutet, seine sieben Sachen bei einer Mondnacht wegzutragen, um deren Beschlagnahme für unbezahlte Miete zu vermeiden. Vermieter und Vermieterinnen haben nun einmal die unsympathische Gewohnheit, am Zahltag zu erscheinen und mehr oder weniger süß nach Geld zu fragen. Ein sehr volkstümlicher Ausdruck für »Zahle!« lautet:

dish out the gravy! Wörtlich: tische die Sauce auf! Oder auch:

Cough up the money; auch: *Cough up the dough* – oder: *Cough up the loot.* Eigentlich: huste das Geld heraus! Beide Wendungen gehören nicht zum allerfeinsten Ton. Aber allerfeinster Ton ist ja heutzutage längst nicht mehr modern.

Wenn man vor oben erwähnte Aufforderung gestellt ist, wird man, wenn man nicht zahlen kann, und solches soll mitunter vorkommen, unbedingt versuchen, durch eine geschickte Ausrede

to save one's face das heißt, sein Gesicht wahren, seinen Ruf, seine [gute] Reputation zu schützen. Ein boshafter Humorist hat einmal gesagt:

Any woman in the world would rather lose her virtue than her reputation. Jede Frau auf der Welt würde lieber ihre Tugend als ihren Ruf verlieren, eine Äußerung, die – wie der Autor galanter und gerechterweise bemerken möchte – auch auf Männer anwendbar ist. Menschen, die in der Öffentlichkeit stehen, wollen sich einen Namen machen:

They need a build up, which means a reputation gained through publicity. Sie brauchen eine Aufmachung; das bedeutet einen Ruf, der durch Reklame – persönliche Propaganda – erzielt [gewonnen] wird. Wenn man jemanden nur oberflächlich kennt, sagt man

to be on the nod with someone – mit jemanden »am Nicken« sein, das heißt, man pflegt dieser Person nur zuzunicken, wenn man sie sieht, aber nichts weiter. Wenn man jemanden besser kennt, ohne direkt befreundet zu sein, kann man sagen:

I am on speaking terms with him – ich bin auf »Sprechfuß« mit ihm, ich rede hie und da mit ihm. Das Gegenteil davon lautet:

I am not on speaking terms with him, womit ausgedrückt wird, daß man mit ihm nichts mehr zu tun hat, sich mit ihm verkracht hat.

I am on borrowing terms with him deutet schon einen intimeren Grad von Freundschaft an, nämlich: Ich stehe mit ihm so gut, daß ich mir manchmal sogar von ihm etwas borgen könnte. (Wobei man sich wundern darf, wo man heutigentags noch solche Leute findet!)

»Bedaure, falsch verbunden!«

»Falsch verbunden!«, oder wie man auf englisch sagt:

Sorry, wrong number! – »Bedaure, falsche Nummer!« ist ein Bescheid, der sich mitunter auf unsere Galle schlägt. Dennoch sind viele von uns von der

telephonitis befallen.

Telephonitis is the addiction to telephoning – Telephonitis bedeutet, dem Telefon verfallen zu sein, also ununterbrochen telefonieren zu wollen.

to be addicted to something – einer Sache verfallen sein. Wie sehr wir uns auch über die Erfindung des Fernsprechers manchmal ärgern, wir sind dennoch froh, daß Mr. Bell – oder war es Phillipp Reis? – sie gemacht hat. Eine bekannte New Yorker Schauspielerin pflegte zu sagen:

»*America's best buy for a dime is a telephone call to the right man!*« »Der beste Kauf, den man in Amerika für 10 Cents (*a dime* d. i. 10 Cents) machen kann, ist ein Telefonanruf an den richtigen Mann!«

to get the right number we have to know how to dial. – Um die richtige Nummer zu erwischen, muß man wissen, wie man die Nummer wählt.

The dial ist das Zifferblatt,

to dial nennt man die Tätigkeit des Nummerwählens auf der Scheibe des Apparates.

First you have to remove the receiver – zuerst muß man den Empfänger entfernen; auf gut deutsch; den Hörer abheben.

One has to take receiver off its hook – man hat den Hörer vom Haken [von der Gabel] zu nehmen.

I am on the phone bedeutet: Ich bin ans Telefonnetz angeschlossen, ich habe ein Telefon, aber auch: Ich telefoniere gerade.

I am talking over the phone bedeutet: Ich spreche telefonisch, übers Telefon.

My beloved wife keeps the wires hot – meine geliebte Gattin telefoniert unausgesetzt. Wörtlich: sie hält die Drähte heiß, (oder: sie läßt den Draht glühen.)

A local call ist ein lokaler Anruf, ein Telefongespräch in derselben Stadt, ein Ortsgespräch.

An out of town call or a long distance call ist ein Anruf von außerhalb der Stadt oder ein Ferngespräch mit entfernteren Stationen.

to hold the line or to hold the wire heißt: Die Leitung [Linie] oder den Draht halten, die Telefonverbindung aufrecht erhalten.

Hold the line – bleiben Sie am Apparat!

The line is busy or the number is engaged – die Nummer ist besetzt.

The telephone booth – die Telefonzelle wird in Amerika häufig auch

a sweatbox ein Schwitzkasten genannt. Dramatische Komplikationen in den freundschaftlichen Beziehungen bereiten sich vor, wenn ein weibliches Wesen berichten muß:

He hung up on me – er hat mich am Telefon ›abgehängt‹.

He deliberately discontinued our telephone conversation – er hat unsere telefonische Unterhaltung absichtlich unterbrochen, also abgebrochen! Das Fräulein vom Amt, das anno dazumal mit dem frechen Liedchen: »Hallo, du süße Klingelfee«, besungen wurde, heißt in Amerika

the operator. In unserer hektischen Zeit, wird sie meistens nicht mehr besungen, sondern mitunter angeschnauzt. Glücklicherweise ist sie meistens um eine Antwort nicht verlegen, wie die folgende Story beweist.

An angry subscriber, having trouble with different wrong numbers bellowed at an operator: »Am I crazy, or are you?« – »I am sorry, sir«, replied the operator in her sweetest voice, »but we do not have that information!«

Ein ärgerlicher Fernsprechteilnehmer, der mit verschiedenen falschen Verbindungen seinen Kummer hatte, brüllte das Telefonfräulein an: »Bin ich verrückt, oder sind Sie es?« – »Bedaure mein Herr«, gab sie mit ihrer süßesten Stimme zurück, »aber darüber haben wir keine Information!« (Oder: »Darüber darf ich keine Auskunft geben . . .«)

Als Bob Hope in der Zeitung las, daß der amerikanische Weltraumfahrer John Glenn bei der soundsovielten Umkreisung im

All zu Gott zu beten begann, bemerkte er:
»No wonder, for him that was only a local call« – kein Wunder, für ihn war das ja nur ein Ortsgespräch!

Ebenso bekannt ist in Amerika die Anekdote des ganz armen Mannes, der in seiner Not schon alle Möbelstücke verkauft hatte. Nur das Telefon steht noch einsam in der Ecke. Plötzlich fängt es zu läuten an. Der arme Schlucker hebt den Hörer auf und vernimmt eine fröhliche Stimme, die sagt: »Hallo Rockefeller, bist du's?« Und er gibt traurig zur Antwort:
»*Oh have* you *got a wrong number!*« »Sind *Sie* aber falsch verbunden!« Wörtlich: »Oh, was haben Sie aber für eine falsche Nummer erwischt!«

»Tropfen Sie mir eine Linie« und andere sprachliche Kuriositäten

Der gute Mark Twain hat noch nichts von dem Verjüngungsrummel gewußt, der von Amerika aus heute um die ganze Welt zieht. Er hat nichts davon geahnt, daß man zu große Nasen verkleinern, zu kleine Busen vergrößern, daß man sich die Gesichtshaut spannen und sein unsauberes Blut chemisch reinigen kann. Er hatte eine viel simplere und ganz schmerzlose Methode gefunden, dem grausamen Prozess des Älterwerdens Halt zu bieten. Er sagte:

Whatever a man's age, he can reduce it several years by putting a brightcolored flower in his buttonhole. – Was immer das Alter eines Mannes sein mag, er kann es um mehrere Jahre verringern, indem er sich eine leuchtende, hellfarbige Blume in sein Knopfloch steckt!

Es ist heutzutage nicht mehr ganz leicht, den Rat des großen Autors zu befolgen. Denn viele Herrenanzüge in Amerika haben jetzt auf dem Rockaufschlag keine Knopflöcher mehr. Im Prinzip aber hat Amerika Mark Twains einfaches System nicht vergessen. Der Blumenkult blüht wie nie zuvor. Allerdings nicht mehr in männlichen Knopflöchern. In den Eingangshallen von Hotels, von öffentlichen Gebäuden, ja auch von Banken und Geschäftsunternehmern strahlt dem Besucher beinahe überall eine üppige Blumenpracht entgegen. Ein Wald von Rosen, Tulpen, Nelken und Chrysanthemen leuchtet da in allen Farben. Der Blumenwald hat nur einen kleinen Fehler: Er duftet nicht! Denn die Rosen, Tulpen, Nelken und Chrysanthemen werden nicht von Mutter Natur, sondern von der gewaltig angewachsenen Industrie »Künstliche Blumen« gestellt.

The artificial flower, die künstliche Blume hat in den Vereinigten Staaten einen solchen Grad täuschender Ähnlichkeit mit dem Naturprodukt erreicht, daß sie von diesem auch bei näherer Betrachtung kaum mehr zu unterscheiden ist. Man muß an ihr schon »riechen«, um festzustellen, ob man hier Natur oder Kunst zu bewundern hat. Und meistens muß man dann mit vielleicht altmodischem Bedauern feststellen, daß diese Blumen nicht gewachsen, sondern fabriziert sind.

Die Amerikanerin von heute sieht vielfach nichts »Kulturloses« mehr darin, auch in ihrem Heim künstliche Blumen in die Vasen zu stellen. Die künstliche Blume Amerikas, an sich oft ein Meisterwerk, sieht ja genau so aus wie die echte und ist überdies weit dauerhafter und daher auch ... billiger. Ein reichlich nüchternes, jedoch schwerwiegendes Argument.

Say it with flowers! – Sag' es mit Blumen, entspricht der deutschen Wendung: Laßt Blumen sprechen! Die große Greta Garbo hatte einmal von einem Bewunderer eine einzige rote Rose zugeschickt erhalten und dazu einen Brief, auf dem nichts weiter stand als: *»Say it with flowers.«* Sie schrieb zurück: *»Why so taciturn?«* – »Weshalb so wortkarg?« –.

A flowery speech – ist eine blumenreiche Rede, eine Ansprache, die sich mitunter umständlicher Sprachbilder bedient.

age bedeutet das Alter. Doch die Mehrzahl

ages umfaßt ganz lange Zeitabschnitte.

He died in the flower of his age, heißt: er starb in der Blüte seiner Jahre.

I have not seen him for ages besagt: Ich habe ihn schon eine Ewigkeit lang nicht gesehen.

to look heißt bekanntlich schauen,

to look up hat die Bedeutung aufsuchen, besuchen. Ein anderes vielseitiges Zeitwort ist

to drop. Es heißt tropfen, tröpfeln, fallen, fallen lassen, hinsinken.

I was ready to drop – Ich war zum Umfallen müde.

They dropped like flies: Sie fielen um wie Fliegen.

Drop it! Laß das [fallen]! Hör' auf damit!

Man kann sich aber auch selbst irgendwo »hintropfen«.

Please drop in whenever you like: Bitte besuch' mich doch, wann immer es dir beliebt.

Constant dropping wears away the stone – entspricht genau dem deutschen Sprichwort: Steter Tropfen höhlt den Stein.

At the drop of a hat – beim Fallenlassen eines Hutes – sofort, sogleich. Gemeint ist, daß ein Vorgang nicht mehr Zeit in Anspruch nimmt, als das Fallenlassen eines Hutes.

A drop in the ocean – ein Tropfen im Meer (d. i. auf den heißen Stein).

she dropped a curtsy – sie machte einen Knicks,

he dropped a hint – er ließ eine Bemerkung (eigentlich: einen Wink) fallen;

he drops his H's bedeutet; er spricht das H nicht aus (schluckt es hinunter), womit gesagt werden soll: Er ist ungebildet, nicht stark von Kultur beleckt. (In England bedeutet es: »Er ist ein Cockney!« Also er macht es wie ein simpler Londoner, der am Wortanfang die H's verschluckt.)

to drop off heißt soviel wie einschlummern. Wenn von einem Schuljungen erzählt wird

he dropped behind – er blieb zurück, er kam in der Schule nicht mit, dann ist das schon sehr bedauerlich. Viel schlimmer liegt der Fall, wenn von ihm gesagt werden muß:

the boy dropped out. Das bedeutet nämlich, daß er die Schule überhaupt verlassen hat, daß er die Schule nicht mehr besuchen will oder kann. In letzter Zeit wird in Amerika viel Klage darüber geführt, daß soviele Kinder ihre Schulzeit nicht vollenden. Solch ein Kind wird

a drop-out genannt, also ein Ausgeschiedener [Ausgestoßener]. Interessanterweise behauptet eine Theorie, daß das Fernsehen (!) hier entscheidend mitspielt. Die heranwachsende Jugend nimmt via Television so viel und so vielerlei unmittelbar und visuell in sich auf, daß sie das bloße Wort des Lehrers oder der Lehrerin als nicht mehr anregend genug empfindet und einfach nicht mehr mitmachen will!

to drop out heißt also: verschwinden, nicht teilnehmen.

to drop a brick – einen Ziegelstein fallen lassen, hat die übertragene Bedeutung von »ins Fettnäpfchen treten« bekommen. Es besagt also, einen taktlosen Fehler zu machen. Daß der häßliche Ausdruck

Drop dead! – Fall' tot um; oder mit einem Wort: Verrecke! bedeutet, hat ja schon der erste Band dieser Sammlung verraten.

Please drop me a line! Das heißt wörtlich: Bitte tropfe mir eine Zeile oder laß mir eine Zeile fallen! Gemeint ist: Schreib mir doch gelegentlich eine Zeile!

Die Wege der amerikanischen Alltagssprache sind mitunter sonderbar. Die doppelte und manchmal mehrfache Bedeutung desselben Wortes eignet sich zu manchem ulkigen Wortspiel. Frank Sinatra soll einmal von einigen Filmautoren gesagt haben:

All day long they lie in the sun and when the sun goes down they still lie.

Den ganzen Tag liegen sie in der Sonne herum und wenn die Sonne untergeht, liegen sie noch immer da. Der Witz dieses Ausspruches liegt in der Tatsache, daß

to lie nicht nur liegen, sondern auch lügen bedeutet. Jetzt weiß man, wessen Sinatra die Schöpfer seiner Manuskripte beschuldigen wollte.

Einen anderen treffenden Ausspruch hat einmal der amerikanische Komiker Johnny Morgan getan. Er analysierte die Trinkgewohnheiten seiner Landsleute:

Americans are funny. When they make a cocktail they put in whisky to make it strong and sugar to make it weak, gin to make it hot and ice to make it cold, lemon to make it sour and again sugar to make it sweet and then they raise their glass and say: »Here's to you« – and they drink it themselves! – Die Amerikaner sind sonderbar. Wenn sie einen Cocktail bereiten, geben sie Whisky hinein, um ihn stark zu machen und Zucker, um ihn schwach zu machen, Gin, um ihn heiß zu machen und Eis, um ihn kalt zu machen, Zitrone, um ihn sauer zu machen, und wiederum Zucker, um ihn süß zu machen. Und dann erheben sie ihr Glas und sagen: »Hier –, das ist für Sie.« Und dann trinken sie es selbst!

Um das Wortspiel ganz zu erfassen, muß man auch berücksichtigen, daß

hot nicht bloß heiß, sondern auch scharf oder würzig heißt, was seinerzeit durch den Marilyn Monroe-Film

»Some Like it Hot« – Manche mögen's heiß [gewürzt], in weiten Kreisen bekannt geworden ist. Und

Here's to you! bedeutet, (wie gewiß niemand aus dem ersten Band dieses Werkes her vergessen hat): »Auf Ihr Wohl!«. Wörtlich aber hier: Dies ist für Sie, das geht Sie an.

Nicknames – Spott- oder Spitznamen, können mitunter auch Kosenamen sein, wenn man zum Beispiel eine junge Dame

Baby-face nennt, also ein Kindergesicht. Aus dem Eigenschaftswort *cute* – nett, aufgeweckt, klug, scharfsinnig, ist das Verzärtelungswort

cutie entstanden, das, auf ein weibliches Wesen angewendet, unbedingt als Kompliment zu werten ist. Wenn ein Mädchen hingegen die Weisheit nicht gerade mit Suppenlöffeln zu sich genommen hat, dann bezeichnet der Amerikaner sie nicht selten mit

dumb Dora, als eine dumme Dora.

A pessimistic female is often called »Calamity Jane«. – Eine pessimistische weibliche Person, also eine, die alles schwarz sieht – und solche soll es geben – wird oft »Unglücks-Jeanette« genannt. (In Anlehnung an eine historische Wildwestfigur.)

A girl disposed to being cuddled is called: Cuddles. Ein Mädchen, das (leicht) geneigt ist, sich liebkosen zu lassen, (gibt es auch andere?) wird *Cuddles* genannt.

Attractive girls are called: Beautiful, or Good Looking or Gorgeous. Anziehende Mädchen werden betitelt: »Schönes« oder »Gutaussehendes«, oder »Prachtvolles« (Geschöpf). Liebe Ehemänner unter meinen Lesern: geht bitte sofort nach Hause und nennt eure bessere Hälfte *Gorgeous!* Wirkung garantiert! Gut aussehende weibliche Wesen werden auch als

attractive, als anziehend, attraktiv bezeichnet. Für ebensolche Männer aber sagt man meistens

handsome. A handsome man is sometimes called: tall dark and handsome! Ein gut aussehender Mann wird manchmal »groß, brünett und hübsch« betitelt. Wer mit sogenannten O-Beinen gesegnet ist, der gilt als

a bow legged person. Wer aber eine Nase größeren Ausmaßes sein eigen nennt, trägt in der Umgangssprache Amerikas den schönen Spitznamen

Schnoz. Einer der populärsten Komiker der Vereinigten Staaten, Jimmy Durante, ist unter »Schnozzle« zumindest ebenso bekannt, wie unter seinem richtigen Namen, bloß weil er bei der Verteilung der Riechorgane im Himmel offenbar zweimal »hier« gerufen hatte.

Freckles nennt man den Menschen, den die Natur reichlich mit »freckles«, mit Sommersprossen, versorgt hat.

A blonde woman is called: Blondie; eine blonde Frau wird »Blondie« genannt.

A curly headed person is called: curly. – eine lockenköpfige Person – es kann auch ein Mann sein – wird »Löckchen« [oder »Gelockter«] genannt. Manch rothaariger Engel hat das böse Sprichwort »Rote Haare Gott bewahre« längst Lügen gestraft. Rothaarige Damen können natürlich ebenso sanft und reizend sein, wie alle anderen Schattierungen. In Amerika hat man die Auswahl, eine Person mit rötlichem Haar (beiderlei Geschlechts) *»Carrots«, »Red«, »Ginger« oder »Rusty«* zu benamsen. Klänge es etwa nicht herrlich zu sagen:

My only Carrots – du meine einzige Karotte! Mit dem Wort *Rusty* hingegen ist äußerste Vorsicht geboten. Es heißt nämlich nicht bloß rotfarben, sondern auch rostig, verrostet, griesgrämig. Überdies hat es in Verbindung mit dem Wort

dusty staubig, schmutzig, auch langweilig, nebenbei eine ganz andere Bedeutung bekommen, die im Volksmund häufig, im Wörterbuch überhaupt nicht zu finden ist.

Get off your big fat rusty-dusty – Heb dein fettes Hinterteil empor, erhebe dich, du Faulenzer!

The nickname for a weakling is: chicken. Der Spottname für einen Schwächling ist: Huhn! Noch derber ist, wenn man erklärt, was man aber eigentlich nie sagen sollte:

He sure turned chickenshit – er hat sich als Hühnerdreck, als ein erbärmlicher Feigling und Schwächling erwiesen.

to chicken out heißt: feige davonlaufen.

The nickname for a tall and lanky person is: Stretch or Long Legs or Skinny – der Spitzname für eine große und »schlaksige« Person ist *Stretch,* also eigentlich: Ausgestreckter oder Langbein; oder *Skinny,* abgeleitet von

skin – die Haut, womit zart angedeutet wird, daß der oder die Betreffende nur aus Haut und Knochen besteht.

to stretch heißt strecken.

To stretch out bedeutet ausstrecken, aber auch: wirklich loslegen.

When he stretches out he can make the moon: Wenn er sich wirklich dahinter macht, sein Bestmögliches versucht, kann er den Mond erreichen.

Stretch pants sind die modernen »Streck-Hosen«, welche die Formen der Weiblichkeit zu so vorteilhafter Geltung bringen.

Short persons are often called: Shorty or Half Pint – kleine, kurzgewachsene Personen werden oft »Kleiner« oder »Halber Schoppen«, d. i. »Halbe Portion« betitelt.

A lefty is a left-handed person. – *Lefty* ist eine linkshändige Person, eine Gattung, von der wir an anderer Stelle eine kleine Gerichtsanekdote erzählen.

A lefty ist aber auch eine politisch links eingestellte Person. (Siehe unser Kapitel über Politiker).

Ein besonderes Talent für die Namengebung – es muß nicht unbedingt ein Spitzname sein – hat die amerikanische Presse entwickelt. Sie nennt wirklich populäre Persönlichkeiten, auch solche in höchster Position, oft nur bei deren Vornamen, den sie sich dann manchmal auch noch ein bisschen zurechtknetet. Gouverneur Rockefeller wird in fetten Schlagzeilen fast immer als »Rocky« bezeichnet, Prinzessin Margaret von England, ist »Meg«, Elizabeth Taylor ist »Liz«. Die liebevolle Abkürzung für Eisenhower ist als »Ike« durch den Blätterwald der ganzen Welt gegangen. Daraus ist sogar nicht bloß ein Schlagwort der Wahlpropaganda, sondern auch ein Liedchen geworden:

I like Ike – Ich liebe Eisenhower, das in seiner Aussprache: »ai laik aik« zweifellos phonetische Qualitäten besitzt.

A' go-go und Musik in langen Unterhosen

Die neue Zeit hat ein neues Lieblingswort. Sie weiß zwar nicht genau, was es bedeutet. Doch diese Kleinigkeit geniert große Geister nicht. Man hört die neue Prägung, wohin man geht, man sieht sie in großen Lettern von den Portalen »schicker« Restaurants leuchten, oder auch von kleinen Nachtlokalen. Das Wort heißt:

A' go-go. An einer Broadway-Ecke hat sich kürzlich sogar ein Würstelstand aufgetan, dessen Inhaber Hugo heißt. Er nennt sein Unternehmen:

Hugo a' go-go. Er weiß ebenfalls nicht, was das heißt. Er weiß nur, daß er jetzt mehr Würstchen an mehr junge Leute verkauft. In der Wohnung eines Freundes war der Schreiber dieser Zeilen kürzlich unfreiwilliger Ohrenzeuge eines bewegten Telefongespräches, das die siebzehnjährige Tochter des Hauses führte. Sie sagte (oder besser) sie sprudelte:

»*Oh my darling, that party was really a' go-go«!* – »Oh mein Schätzchen, diese Party war wirklich »a' go-go«.

Schüchtern, wie es sich für ältere Leute geziemt, näherte ich mich der jungen Dame und fragte bescheiden, ob sie wisse, was *a' go-go* zu bedeuten habe. Sie meinte mit mühsam verhüllter Verachtung:

»*Well, it means: go, man, go!* Also wörtlich: Geh Mann, geh! »*Swing it; let it rip!*« (Vorwärts, los! Hoppauf!) Oder ähnliches. In neunzig von hundert Fällen würde man in Amerika auf obige Frage die obige Antwort bekommen. Sie ist falsch.

The expression, a' go-go, is merely a bit of French slang! Der Ausdruck *a' go-go – ursprünglich au go-go – ist ein Stückchen Pariser* Argot. Das derzeit »amerikanisierte« Wort stammt also aus Frankreich. Es bedeutet: viel, eine Menge, eine Masse! Der Spitzname für eine

Jukebox (Groschengrammophon) lautet in Frankreich

Disques a' go-go und besagt: Schallplatten – massenhaft! Es hat also mit

to go – gehen, so gut wie nichts zu tun!

Bei dieser Gelegenheit will sich der Autor sofort darob entschuldigen, weiter oben ein Wort gebraucht zu haben, das schon längst zum alten Eisen gehört.

Jeder Mensch, der etwas auf sich hält, nimmt heutzutage das Wort »Nachtlokal« kaum mehr in den Mund. Ein moderner Mensch spricht von einer

Discothèque (deutsch schlicht: Diskothek) und meint damit ein Tanzlokal mit einem Plattenspieler, den die jungen Leute mit ihren eigenen Platten füttern. Diese neue Prägung hört sich weit eindrucksvoller, jünger und viel bedeutsamer an.

Um in New Yorks munterster *Discothèque* Einlaß zu finden,

muß man von sehr guten oder von sehr schlechten Eltern sein. Sie heißt, aus unerforschlichen Gründen »Arthur« hat aber mit Arthur Steiner (leider!) gar nichts zu tun. Sie ist das, was man früher einmal eine »Goldgrube« genannt hatte, heute aber ein a' go-go nennt, wie man sich's a' go-goer gar nicht vorstellen kann. Ihre Besitzerin ist Sybil Burton. Sie ist die Ex-Gattin Richard Burtons, des jetzigen Gatten einer gewissen Elizabeth Taylor. Man kann daher Sybil auch eine gewisse entfernte Verwandtschaft mit Eddie Fisher und Debbie Reynolds nicht ganz absprechen. Die 36 jährige, höchst charmante Dame, in deren Haar schon leichte Silberstreifen schimmern, hat das Herz New Yorks im Sturm erobert. Die Grandezza, mit der sie die Rolle der so öffentlich »Sitzengebliebenen« spielte, gewann ihr alle Sympathien. Im Übrigen »sitzt« sie nicht mehr. Ein Musiker ihrer wilden Jazzbandtruppe der 25jährige Jordan Christopher – in mancher Diskothek bleibt es nicht bei Schallplatten; manche legen sich bald eine eigene Band zu – führte sie zum Altar. Jetzt wird der schwarzgelockte, bildhübsche Jüngling aus Mazedonien von dollarzückenden Managern nach Hollywood geführt. Sie wollen einen Star aus ihm machen. Christopher Jordan ist nicht der erste aus dem Arthur-Ensemble, der ins Filmparadies geholt wurde. Zwei Arthur-Kellner wurden dort bereits für Hollywood »entdeckt«. Für die New Yorker ist das ein Grund mehr, sich mit Wonne einer neuen Krankheit hinzugeben, die langsam in eine Epidemie auszuarten droht. Man nennt sie

Arthuritis! Sie besteht in der unbezähmbaren Leidenschaft, jede Woche ein paar Nächte bei »Arthur« zu verbringen. Das kleine Lokal ist täglich bis drei Uhr morgens so voll, daß die berühmte Stecknadel dort keinen Platz mehr fände. Zweierlei Publikum füllt die zwei Räume, nämlich die

celebs – Abkürzung für

celebrities – also: Berühmtheiten, und

PYPs – Abkürzung für

Pretty Young People – also junge hübsche Leute. Die Shakespeare-Komödie

As you like it – Wie es Euch gefällt –, ist bei »Arthur« zur Kleidungsvorschrift geworden. Jeder kommt also dorthin, wie es ihm gefällt. Wenn man nicht gerade gar nichts anhat, ist jede Adjustierung willkommen. Man sieht Smoking und Lederjacke,

Abendkleid und Pulli. Auch Pyjamas sind höchst beliebt. Am beliebtesten, wenn die Oberteile rückwärts geschlitzt sind. Und zwar bis zu jenem Punkt, wo der Rücken aufhört und ein anderer Körperteil beginnt. Die Damen, die zum Tanz antreten, lassen ihre Schuhe meistens unter ihren Stühlen stehen. Die Strumpfindustrie Amerikas sieht so etwas mit Wohlgefallen.

Der Besucher gewinnt den Eindruck, als blicke er in eine rasende Waschmaschine, die die Wäschestücke unentwegt durcheinanderwirbelt. Indessen ist bei alledem von »Orgie« dort keine Spur. Die Tanzpartner kommen fast niemals miteinander in nähere Berührung. Und selbst wenn man einmal eine Dame sieht, die ihren Begleiter sinnlich aufs Ohr zu küssen scheint, dann muß man feststellen: der Schein trügt. Sie küßt ihn nicht, sie brüllt ihm etwas ins Ohr. Es ist die einzige Chance, sich in dem Höllenlärm tosender Jazzmusik irgendwie verständlich zu machen.

Was also ist »Arthur«? Eine nächtliche Tagung fanatischer Gesundheitsapostel, die die Entdeckung gemacht zu haben glaubt, daß man ewig jung bleiben kann, wenn man sich nach dem befeuernden Rhythmus einer Musik, die keine Pause kennt, jede Nacht ein paar Stunden lang schüttelt, verrenkt, verbiegt, oder (wie man in Süddeutschland sagt) zerwuzzelt! Man trinkt nicht viel, man flirtet überhaupt nicht, man tanzt. Und zwar ohn' Unterlass. Die *Discothèque »Arthur«* hat den Sprachschatz nicht nur mit der Prägung

Arthuritis bereichert. Kürzlich war in einer New Yorker Zeitung die Phrase zu lesen:

She pulled a Sybil. Außerhalb der Hudsonstadt mag das noch niemand verstehen. Gemeint war, daß eine Dame älteren Jahrgangs mit einem weit jüngeren Mann den Bund fürs Leben schloß! So sorgt das New Yorker Nachtleben fürs nächste Wörterbuch!

Wem es gelingt, sich an der zwei Meter hohen, wuchtigen Tarzangestalt des Torhüters vorbei in die crème de la crème der Stammgäste durchzukämpfen, der hört die Sprache der heutigen Musik und ihrer Liebhaber. Das heißt, er hört sie nur, wenn sich sein Trommelfell als widerstandsfähig erwies und die Attacke der

band unbeschädigt überstanden hat. Der schon etwas altmodische Ausdruck

long underwear band wird dort, wenn überhaupt, nur mit nachsichtiger Herablassung gebraucht. Denn er bedeutet eine *band,* die lange Unterhosen trägt. Das ist natürlich nur figürlich gemeint und soll festlegen, daß diese Leute nur

old-fashioned, corny music – altmodische, übersentimentale Musik produzieren, was bei »Arthur« natürlich nicht in Frage kommt.

Die »Diskotheken« werden vom sogenannten

Swinging set frequentiert, das sich mitunter auch, noch etwas pompöser,

the swinging generation nennt, die »schwingende Garnitur«, die schwingende Generation. »*The swinging set*« ist offenbar im Anklang an den allgemein verwendeten Ausdruck

the smart set gebildet worden, worunter die »vornehme Gesellschaft« zu verstehen ist. Wenn *the smart set* mit Anführungszeichen versehen wird, dann ist darin eine leicht satirische Kritik zu lesen. Hier wird ein Begriff angedeutet, der dem Wort »Clique« sehr nahekommt. Bei jenen, die sich zum *swinging set* zählen, ist es, wie bereits erwähnt, geradezu verpönt, einander tanzend in den Armen zu liegen. Statt dessen werden jene Tänze kultiviert, die als Nachfahren, (oder Nach-Wackler) des seligen *Twist* zu betrachten sind, also

»Swim«, »Frug«, »Monkey«, »Indian«, »Duck«, »Mashed Potato«, Namen, die meist auf die hierbei gepflegten Körperbewegungen hinweisen. Also: der Schwimm, der Frosch (der Frosch heißt zwar auf englisch *frog*, der hüpfende Froschtanz aber schreibt sich oft mit u) – der Affe, der Indianer, die Ente, der Kartoffelbrei. Die naheliegende Laienfrage: »Wie tanzt man Kartoffelbrei?« ist vom *swinging set* längst beantwortet worden. Sie haben sogar für ihre lieben Kleinen einen neuen Tanz erfunden, genannt

Mouse – also Maus, bei dem man von einem Bein aufs andere hüpft, mit dem Kinnladen wackelt und die Hände mit gespreizten Fingern an den Kopf legt, womit man die Mausohren versinnbildlichen will. Ein Fernsehkomiker namens Soupy Sales, der sich bei den Kindern ungeheurer Beliebtheit erfreut, hat ihn erfunden.

Die Musik zu diesen lieblichen Tänzen ist meistens von Gruppen komponiert. (Einer allein kann offenbar keine flotte Kartoffelbreimusik erfinden.) Die Gruppen haben ganz ähnliche Namen wie die Tänze. Die Ur- und Stammväter sind die Beatles. Aber es gibt jetzt auch

The Birds – die Vögel,

The Rolling Stones – die rollenden Steine,

The Animals – die Tiere (kann man sich mehr Aufrichtigkeit wünschen?),

The Supremes – die Allerhöchsten, (oder mehr Bescheidenheit?),

The Arabs – die Araber,

The Toys – die Spielzeuge,

Paul Revere and the Riders – Paul Revere und die Reiter,

The Vibrations – die Schwingungen und viele andere.

The »swinging set« hat ein paar Lieblingswörter, die nahezu in jeder Konversation auftauchen:

»Crazy« and »Beautiful«, verrückt und schön, sind zu dieser be-

vorzugten Position avanciert. Es ist beispielsweise durchaus nicht anstößig, wenn man in einer »Discothèque« einen Mann zu einem anderen Mann sagen hört:

»You are beautiful, real beautiful!« »Sie sind schön, wirklich schön!« »Schön« bedeutet hier sympathisch und nicht mehr.

A swinging chick ist das, was auf Neudeutsch »eine flotte Biene« wäre, also ein weibliches Wesen, bei dem es nicht allzu schwer wird, anzubandeln. Dabei fällt dem Autor ein, daß die »flotte Biene« inzwischen wohl auch schon ein bißchen aus der Mode gekommen ist und eigentlich durch einen »steilen Zahn« ersetzt werden müßte. Bei dieser Gelegenheit möchte der Autor nochmals darauf verweisen, daß vielen dieser Modewörter nur ein kurzes Dasein beschieden ist. Manche Ausdrücke, die heute noch »en vogue« sind, können morgen schon in die Reihe der »alten Hüte« eingereiht werden ...

Wahre Jazzfreunde sind in »Diskotheken« natürlich nicht zu sehen. Sie sitzen andächtig in den dunklen Jazzkellern, in denen nicht getanzt sondern voller Ehrfurcht der Musik gelauscht wird. Wenn die Band zu improvisieren beginnt (man hat den Eindruck, daß sie eigentlich nichts anderes tut) dann sagt das Publikum

they ad lib – sie spielen aus dem Stegreif (nach dem lateinischen ›ad libitum‹ – nach Belieben). Das Orchester wird dabei von seinem

ear man, wörtlich Ohrenmann, geführt; dem Mann, der nach dem Ohr (gemeint ist, nach dem Gehör) drauflosspielt. Das Gebotene heißt dann

ear music – also Ohrenmusik, ein Ausdruck, der nicht immer mit Ohrenschmaus verwechselt werden kann. Mitunter spielt

every man for himself – jeder für sich selbst.

Be-bop hat bereits eine eigene Geschichte. Dieser Ausdruck stammt aus den vierziger Jahren, und zwar aus »Minton's«, einem Lokal, in dem Dizzy Gillespie und Charlie (»The Bird«) Parker zum erstenmal in Harlem diese Musik spielten. Man sang und spielte »Heybabarebop ...«

They blow the roof off – sie blasen das Dach weg, sagt man, wenn die Band besonders erregende Musik erzeugt. Man kann aber auch sagen:

They blow up a breeze (or a storm) – sie blasen eine Brise oder einen kleinen Sturm, womit ausgedrückt werden soll, daß sie aufregende Musik erzeugen.

A combo (Abkürzung von combination) ist, ebenso wie in Deutschland eine kleine Gruppe von Musikern, (höchstens drei bis acht), im Gegensatz zu einer großen Band.

Longhair music, Langhaar-Musik ist klassische Musik. Auch die Leute, die klassische Musik lieben, werden mitunter

long hair genannt.

to moan (eigentlich wehklagen, stöhnen), sagt man, wenn jemand besonders traurige Lieder singt.

A potato man – ein Kartoffelmann, ist jener Musikant, der in einer Band gar nicht spielt, sondern nur dasteht, um die Band größer erscheinen zu lassen. Er hat sein Instrument mit Kartoffeln ausgestopft, damit dieses keinen Laut von sich gibt.

A bounce – eigentlich ein Sprung, ein Aufprall, gilt als Musik im Stakkatostil. Vom Temperament hingerissen, passiert es häufig, daß

the musicians are running wild, daß also die Musiker »wild laufen«. Gemeint ist wild werden und immer entfesselter und erhitzter spielen. Bei dieser Gelegenheit sei auf einige der vielen idiomatischen Ausdrücke mit dem Hauptwort

run – Lauf, hingewiesen.

They had a run for their money: Für ihr Geld wurde ihnen wirklich etwas geboten, sie kamen auf ihre Kosten; aber

he gave them a run for their money: So leicht war es nicht, ihn klein zu kriegen; sie hatten zu laufen, ehe sie bekamen, was sie wollten.

In the long run – bedeutet wie »à la longue«, auf lange Sicht.

The play enjoyed a long run – das Stück erfreute sich einer langen Laufdauer, es konnte lange Zeit gespielt werden, weil das Publikum immer noch interessiert war.

to have the run of the place bedeutet Herr im Hause sein.

something has a great run – etwas findet großen Absatz.

to be on the run – auf den Beinen sein, und

put him to the run – bedeutet: Mach ihm Beine, bring' ihn in Trab.

to run across somebody besagt jemandem zufällig begegnen, ihm in die Arme laufen.

I have got to run – jetzt muß ich aber laufen.

Der Autor denkt auch, daß wir nun genug gelaufen sind und wieder zur zeitgenössischen Musik zurückkehren können.

A flag waver, wörtlich ein Fahnenschwinger, ist der heutige Slangbegriff für ein patriotisches Lied und mitunter auch für den Sänger, der es vorträgt. Wenn er besonders schlecht singt, hilft er sich damit, zum Schluß mit der Landesfahne zu winken. Da gibt es immer Applaus! Unter

music that gives the message, also Musik, die die Botschaft vermittelt, hat man gute, seelenvolle Musik zu verstehen. Mit den Worten

rocking, rolling, booting, grooving, swinging or wailing soll zum Ausdruck gebracht werden, daß man etwas im Sinne der heutigen Zeit – besonders Gutes und Eindrucksvolles – zustande gebracht hat. Ein anderer Ausdruck lautet

hipped to the jive. Unter

jive hat man besonders gemütsbewegte Jazzmusik oder eine besonders kraftvolle Tanzform zu Jazzmusik zu verstehen. Wenn jemand

hipped to the jive ist, dann ist er bestens informiert, klug, intelligent.

to jitter heißt eigentlich zittern, einen Nervenanfall haben, vor Angst beben.

a jitterbug ist nicht bloß der berühmte Tanz der mittvierziger Jahre, sondern auch der Mensch, der ihn hinlegt, und zwar mit konvulsiven Gestikulationen, (weil es ja sonst kein Spaß wäre), und so, als ob er sich betrunken hätte. Denn

jitter hat auch die Bedeutung von Spirituosen, also geistige Getränke bekommen. Und

bug heißt eigentlich Insekt, Käfer, Wanze. Im übertragenen Sinn bezeichnet es auch den Mann, der Alkohol gern hat.

a pop-singer ist ein Sänger populärer Schnulzen. Aber

Über Geschmack läßt sich bekanntlich nicht streiten. Weder in der Kunst, noch in der Musik oder auf anderen Gebieten. Alles im Leben ist relativ. Sogar die Temperatur in einem Konzertsaal, wie aus der folgenden kleinen Story hervorzugehen scheint.

The night Jascha Heifetz and his violin made a triumphant New York debut, the pianist Josef Hofmann and the violinist Mischa Elman were in the spellbound audience. As the music went on and the enthusiasm of the audience grew bigger, Mischa Elman became increasingly fidgety, running his fingers inside his collar and mopping his forehead. In the pause between two selections he whispered to Hofmann: »Awfully hot in here, isn't it?« And Hofmann whispered back: »Not for pianists!« – An jenem Abend, an dem Jascha Heifetz und seine Geige ihr triumphales Erstauftreten in New York feierten (ihr Debut machten), befanden sich der Pianist Josef Hofmann und der Geiger Mischa Elman unter dem faszinierten Publikum. Im Laufe des Abends (als die Musik weiterging) und die Begeisterung des Publikums (noch) größer wurde, wurde Elman immer nervöser (kribbeliger), steckte seinen Finger in seinen Kragen und wischte sich die Stirn. In einer Pause zwischen zwei Musikstücken flüsterte er Hofmann zu: »Schrecklich heiß hier, nicht wahr?« Und Hofmann flüsterte zurück: »Nicht für Pianisten!«

In den Gefilden der neuzeitlichen Jugend-Musik Amerikas, die längst bis nach Europa hinüberschwingt und die – das sei, um der Wahrheit die Ehre zu geben, besonders betont – mitunter bemerkenswert künstlerisches Niveau erreicht – ist eine bisher völlig unbekannte Variante entstanden, die man in Fachkreisen als

Folk Rock – also eine Kombination als Volkslied und Rock'n Roll bezeichnet. Innerhalb dieser Gattung spielen die

Protest Lyrics eine besondere Rolle, Texte *(lyrics)* nämlich, die einen Protest der Jugend zum Ausdruck bringen. Die Proteste richten sich vor allem gegen den Krieg, gegen

conformity – Gleichförmigkeit, Übereinstimmung, Konformität, manchmal mit einem Beigeschmack von »Gleichschaltung«, aber in letzter Zeit am häufigsten gegen die Schulbehörden, die die Jugend daran hindern wollen, ihren Haaren freien Lauf zu lassen. Barry Mann und Cynthia Weil, zwei bei der Jugend beliebte Song-Schöpfer, haben unter dem Titel

›Home of the Brave‹ – das ist die Heimat der Tapferen, folgendes Lied geschrieben, das über Nacht Massenauflagen erzielte:

The School Boards says he can't come to school no more
Unless he wears his hair like he wore it before
The PTA and all of the mothers
Say he oughta look like the others
Home of the brave, land of the free
Why won't you let him be what he wants to be?!

Die Schulbehörde sagt, er kann [darf] nicht mehr zur Schule kommen, wenn er sein Haar nicht so trägt, wie er es früher getragen hat. Der Eltern- und Lehrer-Beirat [PTA, Abkürzung für *Parents-Teacher-Association*] und auch alle Mütter sagen, er soll so aussehen wie alle anderen auch. ›Heimat der Tapferen, Land der Freien‹ [ein Zitat aus der amerikanischen Hymne] warum wollt ihr ihn [denn] nicht sein lassen, was er sein will? Bob Dylan, ein blasser Jüngling mit einer Gitarre, ist der populärste Pionier der Protestmusik. In seiner Biographie heißt es: »Er lief seinen Eltern davon mit 10, 12, 13, 15, 15½, 17 und 18 Jahren und wurde immer wieder erwischt und nach Hause gebracht. Außer beim letzten Mal!«

The popularity of ultramodern music is progressing by leaps and bounds – die Beliebtheit der ultramodernen Musik macht sprunghafte Fortschritte. Eigentlich: Sie schreitet vorwärts durch Sprünge und Hüpfen. So lautet ein Kalauer, den jemand geprägt hat, der von der Qualität der ultramodernen Musik nicht restlos überzeugt ist.

I hope I have stepped on no toes – ich hoffe (so sagt auch der Autor in diesem Kapitel über die Musik), niemanden auf die Zehen getreten zu sein. Man könnte auch sagen: auf die Hühneraugen. Gemeint ist: Ich hoffe, niemanden gekränkt oder geärgert zu haben. Auch dann nicht, wenn ich zum Abschluß dieses Themas die folgende Story erzähle:

At an opera rehearsal an aging soprano sought to impress the director. »I'll have you know«, she declared, »that I insured my voice for Dollar 50.000« – »That is wonderful«, said the director, »what did you do with the money?« – Bei einer Opernprobe suchte eine alternde Sopranistin auf den Regisseur Eindruck zu machen, [versuchte, ihm zu imponieren]. »Ich möchte Sie wissen lassen«, erklärte sie, »daß ich meine Stimme mit 50.000 Dollar versichert habe!« – »Das ist ja großartig«, meinte der Regisseur, »was haben Sie denn mit dem Geld angefangen?«

Aus der Haut fahren kann man auch auf amerikanisch

Da geht es sogar noch etwas schneller, denn auf amerikanisch – springt man aus der Haut!

to jump out of one's skin. Die Bedeutung ist dieselbe wie die der deutschen Redewendung, nämlich in Wut geraten, außer sich sein.

»I nearly jumped out of my skin ... (with fright)« – Ich habe mich so erschreckt, daß ich fast aus der Haut gesprungen wäre. Aber auch: *»I nearly blew my top«* – mir ist fast der Kragen geplatzt. Im Leben (vom Eheleben ganz zu schweigen) hat man häufig Anlaß, »in die Luft zu gehen«, ein

idiom, das man im Amerikanischen auf verschiedene Weise wiedergeben kann, zum Beispiel:

to work oneself into a lather, wörtlich: sich in Seifenschaum – *lather* – hineinarbeiten, also »schäumend« werden.

Eine noch größere Auswahl an Ausdrucksmöglichkeiten gibt es für den wenig beneidenswerten Zustand des schlichten Nervöswerdens.

to be nervous heißt einfach nervös sein. Man kann aber auch sagen:

I feel jittery – ich bin kribbelig. Aufgeregt werden, heißt

to get excited or to get steamed up. Letzteres bedeutet in Dampf kommen;

the steam ist der Dampf.

He is completely beside himself ist die genaue Wiedergabe der deutschen Phrase: Er ist ganz außer sich, er ist aus dem Häuschen geraten.

Während man im Deutschen in solchen Situationen nahe daran ist, an die Decke zu springen, schlägt man, trifft man [an] die Decke und sagt:

He hit the ceiling. Weitere Prägungen für Erregung und Nervosität sind

to run a temperature,

to fall all over oneself und

to be in a dither. Man kann es sich also aussuchen, ob man eine (höhere) Temperatur »errennen«, über sich selbst fallen oder in einem Durcheinander sein, verdattert sein will;

dither heißt wörtlich das Zittern.

All of a dither – völlig durcheinander. Auch für die Ungeduld, manchmal die Vorstufe der Nervosität, hat die englische Sprache prägnante *idioms* geschaffen.

I am aching to do something – würde wörtlich übersetzt heißen: es tut mir weh, ich empfinde schon Schmerzen dabei, endlich etwas zu tun, bedeutet aber wirklich: für mein Leben gerne etwas tun wollen.

I am on edge of doing something – ich bin gerade dabei, bereits auf dem Sprung, etwas zu tun.

the edge ist die Schärfe, die Schneide, die Kante.

it sets my teeth on edge bedeutet wörtlich: Es macht mir die Zähne aufeinandersetzen, oder in übertragener Bedeutung: es tut mir weh. Auch:

It gives me the shivers or the creeps – die kalten Schauer, das kalte Gruseln kann in der Bedeutung von »Gänsehaut« verwendet werden, ein Wort, das es auch im Englischen gibt:

Goose-flesh. Man kann also auch sagen:

It gives me goose flesh, was aber nicht bedeutet, daß es einem Gänsefleisch gibt, sondern daß man Gänsehaut verspürt.

Für diese Gemütsverfassung hat der Engländer und Amerikaner nur einen Rat:

Take it easy! Nimm es leicht! Nur keine Aufregung, was bekanntlich leichter anzuraten, als zu befolgen ist.

Was einen in diesem Dasein so häufig außer Rand und Band bringen kann, ist nicht nur die eigene Gattin oder *the boss,* sondern – beim Studium der englischen Sprache – die vielen Ausdrücke, die in allen Regenbogenfarben schillern, so daß man oft in Verlegenheit gerät, welche Schattierung gerade gemeint ist. Da ist zum Beispiel das Wort

to claim which properly means: to demand recognition of a right:

»to claim« bedeutet also richtig: die Anerkennung eines Anspruchs verlangen, etwas in Anspruch nehmen.

He claims to have told the truth: Er behauptet, nimmt [für sich] in Anspruch, die Wahrheit gesagt zu haben.

to claim against bedeutet klagbar werden gegen ... Die Verwirrung, ob

to claim gerade im Sinne von verlangen, oder behaupten gemeint ist, besteht selbst bei Leuten, die berufsmäßig mit der Sprache zu tun haben, wie das ulkige Beispiel einer amerikanischen Provinzzeitung beweist, die kürzlich die fette Überschrift veröffentlichte:

BARMAID CLAIMS RAPE! was man boshafterweise auch mit »Bardame verlangt Vergewaltigung« übersetzen könnte. Gemeint war natürlich: Bardame behauptet, vergewaltigt worden zu sein. (Es lebe der kleine Unterschied!)

Auch das Zeitwort

to overlook heißt sowohl überschauen, wie übersehen. Letzteres im Sinne von nicht sehen, ignorieren, ja sogar auch verzeihen oder unbeachtet lassen. Ein munteres Beispiel für die Doppeldeutigkeit dieses Wortes ist die Aufschrift, die an einem Badestrand in der Nähe New Yorks einmal zu sehen war. Da war zu lesen:

Gentlemen are requested not to overlook the Ladies' Bathing Place! Also: die Herren werden ersucht, nicht das Damenbad zu inspizieren. Aber ebenso richtig wäre die Übersetzung: Die Herren werden ersucht, das Damenbad nicht zu ignorieren!

Das Eigenschaftswort

superfluous – überflüssig, überreichlich – verführt mitunter auch Menschen, deren Muttersprache Englisch ist, es mit dem Wort

superb, also besonders gut, hochfein zu verwechseln. Auch das Wort

posthumous – nachgeboren, nach dem Tode, wird oft nicht ganz verstanden. Nach einer Rede, die der inzwischen verstorbene amerikanische Staatsmann Adlai Stevenson in einem Frauenclub hielt, trat eine Zuhörerin an sein Rednerpult und sagte:

»Oh, Mrs. Stevenson, your speech was superfluous!« »Thank you, Madam« he answered, »I have been thinking of having it published posthumously!« »Won't that be nice«, the woman said,

»the sooner, the better!« – Oh, Mr. Stevenson, Ihre Rede war überflüssig [sie wollte sagen: besonders herrlich, übertraf sich]!« »Danke, Madame«, gab er zur Antwort, »ich habe [schon] daran gedacht, die Rede nach meinem Tod [posthumously] zu veröffentlichen!« – »Das wäre aber nett«, erwiderte die Dame, »je früher je besser!«. (Die Dame hatte *posthumously* mit *posthaste* verwechselt, was »unverzüglich« heißt.)

A propos Mißverständnisse: Was soll auch ein fleißiger Schüler der englischen Sprache tun, um den Satz zu verstehen:

The event did not make the papers. Wörtlich: das Ereignis machte nicht die Papiere. Der fleißige Student weiß natürlich, daß

the papers auch die Zeitungen sein können. Aber selbst dann wird er nicht klüger, wenn er hört, daß das Ereignis nicht die Zeitungen machte. Die wahre Bedeutung ist: das Ereignis kam nicht in die Zeitung. Gemeint ist, es wurde nicht als so wichtig erachtet, in den Zeitungen vermerkt zu werden. Dem Hauptwort

the make und dem Zeitwort

to make kann man an die tausendundeine Bedeutung beimessen. Unter dem Hauptwort ist ursprünglich die Herstellung, das Fabrikat, die Fabrikmarke, die Fassung oder Form zu verstehen. Aber

he is on the make besagt etwas ganz anderes, nämlich: er ist hinterm Geld her, und

she is on the make besagt wieder etwas anderes, nämlich, sie ist auf der Männerjagd, sie ist mannstoll.

Can I still make the 4.30? heißt: kann ich noch den Zug um 4 Uhr 30 erreichen?

Kiss and make up bedeutet: Schwamm drüber! Wörtlich: Küßt euch und seid wieder gut miteinander, vertragt euch wieder.

to make good – er hat (im Leben, in seiner Karriere) Erfolg gehabt, aber auch: etwas reparieren.

How did you make out? – Wie hast du [es] ausgemacht, soll bedeuten: Wie hast du abgeschnitten (bei einer Prüfung, oder bei einem Wettbewerb oder einer wichtigen Unterredung, mitunter auch bei einem Mädchen). Indessen

to make a girl heißt ein Mädchen verführen; eine Phrase die hierhergesetzt sei, wiewohl derlei heutzutage ja gar nicht mehr passiert. Wer weiß, vielleicht wird bald die Phrase

to make a boy wörterbuchreif werden ...

The Boss, the boys und der Eierkopf

Politisch Lied ist zwar, dem Sprichwort zufolge, ein garstig Lied. Dennoch wird es überall lautstark gesungen und hat auch im Sprachgebrauch seinen Niederschlag gefunden. Der Autor legt deshalb Wert darauf, festzustellen, daß es nur einem Zufall zuzuschreiben ist, daß unser Kapitel Politik dem Kapitel »Aus-der-Haut-fahren« so eng benachbart ist! In der Politik haben die Wörter *boss and boys* ihre eigene Bedeutung bekommen. Der *boss* ist der politische Führer. Seine politischen Mitarbeiter sind *the boys.* Im ersten Band dieses Buches haben wir den Ausdruck

a dark horse – ein dunkles Pferd – nur vom sportlichen Standpunkt aus beleuchtet. Es hat auch eine politische Bedeutung und charakterisiert einen wenig bekannten Kandidaten, von dem die Eingeweihten plötzlich Erfolg erwarten.

A favorite son ist der Kandidat eines engeren Gebietes, der anderswo völlig oder nahezu unbekannt ist. Die nicht unbedingt schmeichelhaften allgemeinen Bezeichnungen für einen Politiker in Amerika sind:

A baby-kisser – ein Mann, der unter die Menge geht und – um für sich gute Stimmung zu machen – die Babies küßt. Oder auch

an arm waver, einer der während seiner Ansprachen mit den Armen gestikuliert, um stärkeren Eindruck zu erzielen, oder auch ein

wire puller, was wörtlich mit Drahtzieher zu übersetzen wäre.

The Veep ist der Vizepräsident des Landes, bei welcher Gelegenheit wir nicht unerwähnt lassen wollen, daß

the donkey – der Esel, das Symbol der Demokratischen Partei Amerikas ist, wogegen die Republikanische Partei der Vereinigten Staaten *the elephant,* den Elefanten, zu ihrem Symbol erkoren hat. Die Programme, unter denen populär gewordenen Staatshäupter Amerikas kandidiert haben, waren:

The Square Deal – Theodore Roosevelt,
The New Deal – Franklin D. Roosevelt,
The Fair Deal – Harry S. Truman,
The Great Cruisade – Dwight D. Eisenhower
The New Frontier – John F. Kennedy und schließlich
The Great Society – Lyndon B. Johnson.

The deal ist ein Wort mit ungezählten Bedeutungen. Es kann bedeuten die Diele, (*a deal table* – Tisch aus Kiefernholz), die Planke, die Menge, aber auch der Handel, das Geschäft, mitunter auch ein zweifelhaftes Geschäft. Theodore Roosevelt hat die Gesetzgebung seiner Amtszeit

square genannt, gerecht also. Franklin D. Roosevelt folgte seinem Beispiel und betitelte die seinen: »Die neue Gesetzgebung«, während Eisenhower sein Regime unter dem Banner: »Der große Kreuzzug« starten ließ. »Die neue Grenze« lautete Kennedys Losungswort worunter die Erweiterung geistiger Grenzen zu verstehen war. Und Lyndon B. Johnson will mit seiner »Great Society« sein Bestreben zum Ausdruck bringen, eine große vereinte Gemeinschaft zu schaffen; eine, die allen Bürgern des Landes Recht und Wohlstand zuteil werden läßt.

A backseat driver, ein Rücksitzfahrer, ist, ebenso wie im zivilen und Kraftfahrerdasein, auch im politischen Leben einer, der selbst keine Verantwortung trägt, aber vom Rücksitz (eines Autos) aus immer besser weiß, was der Wagenlenker tun sollte. Er ist also ein strenger Kritiker der Staatsführung, der aber leicht reden hat, weil er für das, was geschieht, nachher nicht zur Rechenschaft gezogen werden kann. Im Eheleben ist es meistens die liebe Frau Schwiegermutter oder die Gattin selbst, die vom Ehemann

backseat driver genannt wird. Meistens spricht er so respektlose Bemerkungen nicht aus (es ist oft wirklich nicht ratsam), meistens denkt er es sich bloß, oder sagt es bloß zu guten Freunden, wie folgende kleine Geschichte beweist:

It was in a supermarket and there was a husband pushing a cart and right behind him was his wife, who kept giving him directions. »Even when I'm here«, the guy finally sighed, »I've got a backseat driver.« Es war in einem Selbstbedienungsladen und da war ein Ehemann, der ein Wägelchen vor sich her schob, und knapp hinter ihm war seine Gattin, die ihm andauernd Richtlinien erteilte. »Sogar wenn ich hier bin«, seufzte der Mann schließlich, »ist mir ein Rücksitzfahrer beschert!« Man darf hoffen, daß er nicht zu laut geseufzt hat. Dieselbe Figur wird auf militärischem Gebiet

an armchair strategist genannt, also einer, der die Generäle kritisiert und ihnen vorschreiben will, wie sie den Krieg zu führen haben, während er selbst bequem im Lehnsessel *(armchair)* sitzt.

an egghead wörtlich ein Eierkopf, ist der Spitzname für einen liberalen Intellektuellen.

a lefty ist nicht bloß ein Linkshänder, sondern auch ein politisch links Gerichteter.

a pink or pinko, or pinky, ein Rosaroter, wird ein liberaler Politiker genannt, der in seinen Anschauungen zu sozialistischen Ideen neigt. Er ist nicht ausgesprochen rot, aber rosa!

Pinky: rosa, rötlich; manchmal wird auch der kleine Finger so genannt;

sitting on the fence heißt politisch neutral sein, an der Grenzscheide zwischen zwei Parteien (in Amerika gibt es nur zwei) sitzen und damit beschäftigt sein,

pulling strings, pulling ropes, or pulling wires Fäden, Seile oder Drähte zu ziehen. So betitelt man die Tätigkeit jener, die im Verborgenen die Regierung oder leitende Stellen in ihrem Sinne beeinflussen wollen.

to railroad a bill – einen Gesetzentwurf »eisenbahnen«, bedeutet den Gesetzentwurf rasch durchbringen.

to pigeonhole a bill besagt das Gegenteil, nämlich einen Gesetzvorschlag verzögern, ihn beiseite legen, in ein Brieffach legen.

pigeonhole – ist eigentlich der Taubenschlag, das Taubenflugloch –, wo er womöglich liegen bleibt. Ein Wort mit vielen Bedeutungsschattierungen ist auch

the ticket – der Zettel, das Etikett, die Fahr- oder Eintrittskarte. Auf politischem Gebiet hat das Wort aber einen anderen Sinn. Man versteht darunter die Wahl- oder Kandidatenliste; bei der Präsidentenwahl bedeutet es den Präsidentschaftskandidaten und seinen Vizepräsidenten.

to vote the straight ticket bedeutet für alle Kandidaten derselben Partei zu stimmen.

to split the ticket heißt für die Kandidaten verschiedener Parteien zu stimmen. Der

5-percent patriotism, der fünfprozentige Patriotismus ist einer, dem egoistische Motive zugrunde liegen, einer, der dem Patrioten fünf Prozent Gewinn bringt. (Was mitunter eine Untertreibung ist. Es handelt sich meistens um mehr.)

To climb aboard the bandwagon besagt, sich einer erfolgreichen Partei oder einem erfolgreichen Politiker anzuschließen.

The bandwagon ist der Wagen, in dem bei einem politischen Aufmarsch die

band, die Musikkapelle sitzt, die gewöhnlich den Zug anführt. Wenn ein Politiker seine Parteizugehörigkeit wechselt, dann sagt man

he jumped his party, im Sinne von seiner bisherigen Partei abspringen.

a landslide – ein Erdrutsch, charakterisiert eine überwältigende Abstimmungsmajorität.

V.I.P. ist die oft gebrauchte Abkürzung für »*Very Important Person*«, also sehr bedeutende (hochgestellte) Leute. In großen Flughäfen und Eisenbahnstationen sind für diese Würdenträger aller Art eigene Wartesäle reserviert, die die Aufschrift »V. I. P.« tragen: *He's a very important person.* Der Ausdruck hat zur satirischen Prägung

L.I.P. als Abkürzung für das scherzhaft gemeinte

Least Important Persons – die am wenigsten bedeutenden Leute geführt. Der sarkastischen, boshaften und vernichtenden Aussprüche über Politiker und solche die es sein wollen, gibt es ungeheuer viele. Das Sonderbare daran ist, daß diese vernichtenden Urteile nicht vernichten. Wenn man weiß, daß

baloney eine Wurstart bedeutet, (»Bologna sausage«) aber auch die Nebenbedeutung von Quatsch, Unsinn, Rederei angenommen hat, wird man den folgenden Ausspruch, der über einen durchgefallenen Kandidaten geprägt wurde, sogleich verstehen.

Defeated at the polls, he cannot decide whether he handed out too much baloney, or not enough. Nachdem er an den Wahlurnen geschlagen wurde, weiß er nicht, ob er zuviel Quatsch (Wurst) ausgeteilt hat oder nicht genug!

When he asks you to vote for him and for good goverment, he is asking you to vote twice! Wenn er dich darum bittet, für ihn und für eine gute Regierung zu stimmen, dann ersucht er dich zweimal zu stimmen.

He gets campaign contributions from the rich and votes from the poor on the pretense that he is protecting each from the other. Er erhält Wahlfeldzugsbeiträge von den Reichen und Stimmen von den Armen, indem er vorgibt, jeden vor dem anderen zu schützen!

Auf dem Gebiet der Politik ist in den letzten Jahren ein aus England importiertes Wort aufgetaucht, das seine alte Bedeutung vollends verschoben hat:

the Establishment – wörtlich das »Etablissement«, was, wie jedermann weiß, eine Niederlassung, Gründung, Anstalt, Geschäft bedeutet. Also eine etablierte Einrichtung der Gesellschaft, der Politik.

The Church Establishment war (und ist) die staatskirchliche Verfassung.

They broke up their establishment – sie lösten den Haushalt auf.

They keep up a large establishment – sie führen einen großen Haushalt. In den letzten Jahren wird der Begriff aber immer häufiger in einem etwas abträglichen Sinn gebraucht und bezeichnet eine Gruppe einflußreicher, konservativ gerichteter Personen oder Organisationen, die, ohne sich als solche zu deklarieren, hinter den Kulissen Einfluß auf das öffentliche Leben nehmen. Was »konservativ« ist, hat Ralph Waldo Emerson, der amerikanische Philosoph des 19. Jahrhunderts einmal wie folgt definiert:

»Men are conservative – after dinner!« Männer sind stets konservativ eingestellt – wenn sie gegessen haben!

»In« und »Out« in ganz neuem Gewande

In heißt, wie man weiß, innen, innerhalb, drinnen und

out außen, außerhalb, draußen. Aber in den letzten Jahren bedeuten diese zwei Wörter in England und vor allem in Amerika noch viel mehr. Wenn der heutige Sprachgebrauch etwas als

in bezeichnet, – in diesem Sinne meistens mit großem Anfangsbuchstaben geschrieben –, dann will das besagen, daß der betreffende Begriff, oder die betreffende Person »drinnen« sind, mitten im Getriebe, daß sie dazugehören, daß sie als »modern« gelten, daß sie »schick« sind, mit einem Wort: richtig. Wenn man aber etwas – oder jemanden – als

out qualifiziert, dann will man damit ausdrücken, daß es (oder er) draußen ist, nicht mehr dazugehört, nicht mehr zählt, erledigt, aus der Mode ist. Ein

In-Place ist ein Ort, ein Lokal, in dem sich zu zeigen beweist, daß man mit der Zeit geht. Ein

Out-Place ist einer der nicht (oder nicht mehr) »en vogue« ist. Dort will man, wenn man Wert darauf legt neuzeitlich zu sein, nicht einmal mehr begraben sein! Es ist heutzutage nicht mehr ganz einfach mit der Zeit zu gehen. Denn unsere Zeit eilt so schnell, daß man leicht außer Atem kommt, wenn man mit ihr Schritt halten will. Im Nu kann sich

In in *Out* verwandeln. Mitunter vollzieht sich die Wandlung auch in der entgegengesetzten Richtung. Die vier Stationen dieser rapiden Entwicklung sind

On-the-Way-In – also auf dem Weg »hinein«, das heißt »en vogue« zu werden. Oder

In: Dann ist dieses Ziel erreicht. Oder

On-the-Way-Out: Auf dem Wege nach »aus«, also im Begriffe unmodern zu werden, in den Augen der »Modernen« in Ungnade zu fallen. Und schließlich

Out – draußen zu sein, erledigt zu sein, wie wir nun schon wissen.

The Ins and Outs of Pop Culture rechtzeitig erkennen, ist eine schwierige Wissenschaft geworden.

Pop Culture – wörtlich populäre Kultur, ist ebenfalls schwer zu definieren. Es ist ein sogenannter

umbrella term – ein Regenschirm-Ausdruck (Terminus), der alles umfaßt, was im Augenblick als »schick« und modern gilt;

pop ist die Abkürzung für

popular – also populär, beliebt, allgemein anerkannt. In diesem Sinne ist auch die neue Prägung

pop art – populäre Kunst – zu verstehen, wobei man, ebenso wie beim oben verwendeten Wort »Kultur« mitunter gut daran tut, die Anführungszeichen nicht zu vergessen. Es ist jene Kunst, die man schon überall angewendet sieht. Die Prägung gehört übrigens auch in die Reihe jener englischen Bezeichnungen, die bereits Aufnahme in den deutschen Sprachschatz gefunden haben. Genau wie

Op art (optical art), also die Kunst, die mit optischen Wirkungen, man darf fast schon sagen, mit optischen Täuschungen arbeitet. Auch

op art ist bereits ein deutsches Gastwort geworden.

Millions can now buy op art designs on dresses, bathing suits, bookjackets, sports shirts, sofa pillows, upholstery fabrics, toys and ashtrays. Millionen Menschen können heute

op art-Entwürfe erstehen, auf Kleidern, Badeanzügen, Buchumschlägen, Sporthemden, Sofa-Kissen, Möbelstoffen, Spielzeugen und Aschenbechern. Wobei man sich an eine sarkastischen Ausspruch Oscar Wildes gemahnt fühlt, der da sagte:

It is only an auctioneer who should admire all schools of art. – Nur ein Auktionator sollte alle Kunstarten bewundern!

The Ins and Outs kennzeichneten ursprünglich die herrschende politische Partei, die also, die »drinnen« ist, oder ihre Gegner, die »draußen« sind.

He knows the Ins and Outs of it, eine Redensart, die anzeigen will: Er weiß um die Vor- und Nachteile einer Sache, er kennt also alle in Betracht kommenden Einzelheiten, er versteht es aus dem Effeff. Der Autor begibt sich auf schlüpfrigen Boden, wenn er im Nachstehenden ein paar Beispiele dafür anführt, was derzeit in Amerika und auch in England als

in und als

out gilt. Ehe sein Buch im Druck erscheint, kann sich das alles nämlich ganz gewaltig geändert, ja auch in sein Gegenteil verkehrt haben. Ein Universitätsprofessor in Harvard, ein Autobuslenker in Chicago und ein »Beatnik« in Greenwich Village, dem Künstlerviertel New Yorks, werden, sogar im selben Augenblick befragt, ganz verschiedene Auskünfte geben.

The Beatles – in the eyes of British teenagers – were on-the-way-out last year when they were supplanted by the »Rolling Stones«. In den Augen der britischen Teenager waren die Beatles voriges Jahr bereits auf dem Wege unmodern zu werden, als sie von den »Rollenden Steinen« ersetzt wurden. Aber Filmerfolge und die Auszeichnung durch die englische Königin haben sie wieder in den Vordergrund gebracht. Sie können deshalb (wie sich der Autor darob freut, kann er gar nicht schildern) wieder als »in« bezeichnet werden.

The twist is out – der Tanz, der einst die Welt eroberte, gehört der Vergangenheit an, wogegen alte Filme Humphrey Bogarts und auch solche des längstverstorbenen Sex-Idols Jean Harlow plötzlich wieder als

in gelten. Sophia Loren, Jaqueline Kennedy, lange Haare für Männer sind *in.*

In-people and Out-people rarely agree: In-Leute und Out-Leute stimmen selten miteinander überein. Begreiflicherweise. Mitunter aber bringen manche doch den Mut zu ihrer Überzeugung (und zu ihrem Geschmack) auf und sagen:

We know it is Out but we like it anyway: Wir wissen, es ist nicht mehr »en vogue«, aber wir haben es dennoch gern.

The In-People, die Leute also, die dazugehören, werden manchmal wenn auch meist von einem anderen Gesichtspunkt aus,

the jet set genannt, womit die Leute gemeint sind, die nur mit dem Düsenflugzeug reisen, also die ganz modernen Leute, die keine Entfernung kennen, die das »große« Leben führen, bald in Alcapulco und bald in Palm Beach sind, bald in Manila und bald am Bürgenstock. Der unterlegte Sinn will andeuten, daß es sich um eine Gruppe handelt, die nicht sehr stark von Geldsorgen geplagt wird. Die Mitglieder des *jet set* müssen nicht immer

highbrow – intellektuell, schöngeistig sein. Sie fühlen sich jedenfalls so sehr »In«, daß man »innerer« gar nicht mehr sein kann. Aber es gibt auch Einrichtungen die – zumindest vorläufig – nicht der Mode unterworfen sind. Sie behalten auch bei den Hypermodernen als *classic* – klassisch – ihre Geltung. Zu diesen »Einrichtungen« gehören auch manche Persönlichkeiten.

No one for instance asks: What ever happened to Frank Sinatra? Niemand fragt, zum Beispiel: Was ist eigentlich aus Frank Sinatra geworden? Er bleibt im

limelight – im Rampenlicht, was auch vom Komiker Groucho Marx gilt, von Coca Cola, von heißen Würstchen, von Disneyland oder von den Wildwestfilmen, vom Magazin »The New Yorker« und von dunklen Brillen, die »man« auch bei Nacht trägt. Nebst »in« und »out« gibt uns die neue Sprache Amerikas noch ein anderes Rätsel auf. Das Wort

Camp. Man hört es überall, man sieht es oft schon gedruckt und geschrieben und es bedeutet plötzlich etwas ganz anderes als es bisher zu bedeuten pflegte.

to camp out heißt bekanntlich kampieren, im Freien lagern. Und dementsprechend hatte man unter dem Hauptwort

the camp, das Feldlager, das Zeltlager, das Lager im Freien zu verstehen. Im übertragenen Sinne auch die Anhänger einer Richtung.

Something is Camp bedeutet aber plötzlich etwas anderes. Es umschreibt einen Begriff, der nur im Lager jener Leute sofort verstanden wird, die man

sophisticated nennt. Auch dieses Eigenschaftswort läßt vielerlei Auslegung zu. Amerikanische und englische Wörterbücher erklären es mit unnatürlich, verfälscht, weltklug, blasiert, intellektuell, anspruchsvoll.

to sophisticate verfälschen, etwas verdreht darstellen.

But what is Camp? Aber was ist *Camp?* Jede Definition wird nur noch mehr Konfusion anrichten, denn was *Camp* ist liegt sozusagen im Auge des Beschauers oder dessen, der das Wort anwendet. Man könnte sagen, daß *Camp* das ist, was von denen, die *in* sind (siehe oben) als spaßig akzeptiert wird. Etwas woran sie

fun – Spaß haben. Das große Magazin ›Life‹ brachte vor einigen Monaten einen Artikel, der auf sieben langen Seiten den (nicht restlos erfolgreichen) Versuch unternahm, die neue Prägung zu erklären. Darin heißt es u. a., daß *Camp* etwas oder jemand ist, über das (oder den) man sich ein bißchen lustig macht. Als Beispiel werden die Frauenkleidung aus den zwanziger Jahren (Federboa, etc.), aber auch einige prominente Schauspieler und Schauspielerinnen angeführt, die sich selbst so ernst nehmen, daß blasierte Intellektuelle schon über sie lächeln müssen. In einer kleinen Anzeige der »New York Times« war vor einiger Zeit zu lesen:

Sales of fine furniture. »It's Camp!« Yes, if you wend your way to New Rochelle, you'll find a »Sale« that is really »Camp«. Everybody who is »In« will make this sale a must. Also: Verkauf von eleganten Möbeln. Es ist »Camp«. Jawohl, wenn Sie Ihr Weg nach New Rochelle (vornehmer Villenvorort von New York) führt, werden Sie einen Ausverkauf antreffen, der wirklich »camp« ist. Jeder, der »in« ist (also jeder, der wirklich zählt), wird diesen Ausverkauf zu einem »Muß« machen [wird also unbedingt hingehen].

Wie schon erwähnt, hat man dem Wort auch die Bedeutung von Frauenimitation und Homosexualität gegeben. In einem der bewährtesten Slang-Wörterbücher wird es heute noch als

Camp-effeminate, especially homosexual mannerism of speech and gesture bezeichnet, also als weibisch, als besonders homosexuelle Manieriertheit der Redeweise und Gestik.

Laßt uns nun hoffen, daß der liebe Leser jetzt weiß, was *camp* ist. Der Autor weiß es noch nicht . . .

Weiche Seife und weiße Westen

Es gibt im Menschenleben Augenblicke, in denen man unbeabsichtigt salbungsvoll wird. Das kann man auch auf englisch.

Pour on the oil! Or apply the oil means: speak with exaggerated politeness. Gieße das Öl aus, oder wende das Öl an bedeutet: sprich mit übertriebener Höflichkeit. Jene Tätigkeit, die man im Deutschen mit der etwas kräftigeren Redewendung »Jeman-

dem Honig ums Maul schmieren« bezeichnet, wird amerikanisch mit dem obengenannten *idiom* wiedergegeben. Man kann ebensogut sagen:

to dish out the soft soap – die weiche Seife austeilen, oder auftischen. Ein Geschwätz, hinter dem nichts oder fast nichts steckt, wird mit der deutlichen Prägung

blah-blah übersetzt. Man versteht darunter

idle talk or chatter – eitles (leeres) Gewäsch oder Geklatsche. Eine Abart davon, die meistens auch nicht viel realen Inhalt hat, ist

big talk – Großsprecherei; das dazugehörige Zeitwort ist

to talk big – großsprechen, den Mund voll nehmen.

A feeler – ein Fühler, ist eine Frage oder Bemerkung, welche die Ansicht einer Person herauszufinden sucht. Im Deutschen sagt man ja auch: seine Fühler austrecken.

To sound a sour note means to say something displeasing – einen Mißklang ertönen lassen, bedeutet etwas Unangenehmes zu sagen, etwas, das dem Anderen mißfällt. Hier sind ein paar Beispiele:

A famous psychiatrist was lecturing on the theory that people with handicaps often spezialize in their handicapped functions. Thus, short-winded boys tend to train themselves into being distance runners, people with weak eyes tend to become painters and so forth. He finished his exposition and asked for questions. Immediately this one was pitched at him from the back of the audience: »Doctor, wouldn't your theory mean that weak-minded people tend to become psychiatrists?« Ein berühmter Psychiater hielt einen Vortrag über die Theorie, daß Menschen mit Behinderungen sich oft auf Tätigkeiten spezialisieren, bei denen sie gerade das schlecht funktionierende Organ benötigen. [Die wörtliche Übersetzung wäre: daß Menschen mit Behinderungen sich oft auf ihre behinderten Funktionen spezialisieren.] So üben sich kurzatmige Jungen oft im Dauerlauf, und Menschen mit schwachen Augen wollen oft Maler werden, und so weiter. Er beendete seine Ausführungen und forderte die Zuhörer auf, Fragen zu stellen. Sofort wurde ihm aus dem Hintergrund des Zuschauerraums Folgendes entgegengeschleudert: »Doktor, würde Ihre Theorie nicht [auch] bedeuten, daß geistig Minderbemittelte häufig versuchen, Psychiater zu werden?«

Ein anderes, nicht ganz so saures Beispiel ist folgende kleine Geschichte:

Turning to the kibitzing bridge-champion Charles Goren the novice asked: »How would you have played that last hand of mine?« Goren's prompt reply was: »Under an assumed name!« Sich an den kiebitzenden [der Partie zusehenden] Bridgemeister Charles Goren wendend, fragte der Neuling: »Wie würden *Sie* meine letzte Karte gespielt haben?« Gorens prompte Antwort war: »Unter einem Pseudonym!«

Und als letztes Beispiel für die »saure Note« eine Story über GBS:

One of the few instances in which George Bernard Shaw was beaten came when he appealed to Mrs. Shaw for support of his contention that male judgment was superior to female judgment. »Of course, dear«, Mrs. Shaw replied, »after all, you married me and I married you!« – Einer der wenigen Fälle, in denen George Bernard Shaw geschlagen wurde, ereignete sich (kam), als er sich an seine Frau um Unterstützung für seine Ansicht wandte, daß männliche Urteilskraft [oder Urteilsfähigkeit] der weiblichen überlegen sei. »Natürlich, mein Lieber«, entgegnete Frau Shaw. »Schließlich hast du mich geheiratet und ich dich!«

Auf deutsch bewahrt man sich seine weiße Weste, auf englisch seine saubere Nase:

To keep one's nose clean means to avoid blame or being involved. Seine Nase sauber halten, bedeutet: [Mit] Schuld zu vermeiden, oder zu vermeiden, in etwas verwickelt zu werden. Fast dieselbe Prozedur geschieht mit einer anderen deutschen Redewendung. Auf deutsch pfeift man aus einem anderen Loch, auf englisch singt man eine andere Melodie. Es kommt bekanntlich vor, daß man seine Meinung ändert, seine Einstellung »umgruppiert«, kurzum, daß man plötzlich ganz andere Töne redet.

To sing another tune or to sing another song charakterisiert diese Wandlung. Von einem Mann, der »niemals seine Melodie ändert« sagt man:

he is dyed in the wool – er ist schon in der Wolle gefärbt (also nicht erst später).

He is steadfast in his principles – er ist seinen Prinzipien getreu. Prinzipiell recht zu haben, ist mitunter ein teurer Spaß. Noch häufiger gehört richtiger Mut dazu; in welchem Falle man behaupten kann:

He has guts. Die wörtliche Übersetzung: »Er hat Eingeweide« ist ein bißchen irreführend.

to have guts means not only to have courage, but also to have stamina or staying power. Die Phrase besagt also, daß einer nicht nur Mut hat, sondern auch Ausdauer oder Stehvermögen. Statt des Wortes

guts kann man manchmal auch das Wort

grit hören oder lesen. Der Sinn ist der gleiche. Die merkwürdige Formulierung

to stay put bedeutet festbleiben, sich nicht wegrühren. Für das schöne deutsche Wort »durchhalten« gibt es englische *idioms* in reicher Auswahl:

Hang on for dear life oder

keep pushing oder

keep hammering kann ebensogut gebraucht werden, wie die sportliche Durchhalte-Wendung

keep the ball rolling. Die wörtlichen Übersetzungen dieser Wendungen sind nicht schwer zu erraten: Mach weiter, häng' dich an ums liebe Leben; fahre weiter; hämmere weiter; dräng' weiter oder: Laß den Ball weiter rollen; sieh zu, daß er immer weiter rollt. Man könnte auch sagen:

stick it out – steh' es durch, halt es durch!

Wenn ein Jüngling eine Maid »aufsitzen« läßt, also nicht zum vereinbarten Stelldichein kommt, dann heißt das in der englischen Schriftsprache

he failed to keep an appointment. In der Umgangssprache aber sagt man:

to duck a date von: *the duck (ducks into the water),* das heißt, die Ente verschwindet unter der Wasseroberfläche.

Es haben aber schon Mädchen vergeblich auf ihren Jüngling – und umgekehrt – gewartet, die keineswegs als Enten, sondern gegradezu als Schwäne zu bezeichnen waren. Übrigens ist es häufig auch die Maid, die »ihm« den Laufpaß gibt oder nicht zum Rendezvous (*date*) kommt.

to duck heißt ducken, tauchen oder ausweichen.

to give somebody the slip oder

to stand someone up heißt jemanden »aufsitzen« lassen. Noch drastischer ist

to leave someone out in the cold. Wörtlich: Jemanden draußen in der Kälte lassen. Der gebräuchlichste Ausdruck für jemanden im Stich lassen lautet:

to leave someone in the lurch. Man kann auch sagen:

to walk out on someone.

Wenn aber jemand nicht ein Stelldichein, sondern eine Prüfung »geschwänzt« hat, demnach bei der Prüfung durchgefallen ist, dann heißt das:

He flunked his examination, was Lesern dieses Buches ja niemals passieren wird!

Bücher und Theaterstücke

Nirgends in der Welt werden soviele Bücher gedruckt wie in New York. In der Stadt, die man oberflächlich und herzlos nennt, sitzen Tag um Tag Tausende von Menschen fast aller Altersstufen fernab dem geräuschvollen Großstadt-Klimbim, fernab der irdischen Dollarjagd in den großen stillen Lesesälen der ungezählten Bibliotheken, weltvergessen ihren wissenschaftlichen oder künstlerischen Studien hingegeben. Nicht alles, was in New York geschrieben, gedruckt, herausgegeben und gekauft wird, ist wertvolle Literatur. Doch die Produktionsziffern sind zweifellos imposant. Einer offiziellen Statistik zufolge, werden in Amerika in einem Jahr an die 650 Millionen Bücher bei den öffentlichen Bibliotheken ausgeliehen. Und fast gleich groß ist die Zahl der Bücher, die im Verlaufe von zwölf Monaten von den amerikanischen Buchhändlern ans Publikum verkauft werden. Pro Jahr werden etwa 16 bis 18000 neue Büchertitel gedruckt.

This includes hard-cover books and paperbound books of more than 65 pages. Diese [diese Zahlen] umfassen gebundene und broschierte Bücher von mehr als 65 Seiten.

The paperback, also das normalgedruckte, aber mit einem kartonierten Einband versehene Buch, ist in den letzten Jahren überaus populär geworden.

One reason for the great popularity of paperbacks is the low price – ein Grund für die Beliebtheit der papiergebundenen Bücher ist der niedrige Preis (25 Cents bis ein Dollar). Das Wort

Paperback darf nicht mit dem ganz ähnlich klingenden

paperbag verwechselt werden, das natürlich Papiertüte bedeutet. Von der nach vielen Hunderten zählenden Menge amerikanischer Buchverleger sind mehr als 200 auf die Produktion von

Children's books, Kinderbüchern eingestellt.

Authors are commonly paid a royalty of 10 to 15 per cent of the list price of the book, multiplied by the number of copies sold. Den Autoren wird gewöhnlich eine Tantieme von 10 bis zu 15 Prozent ansteigend vom Verkaufspreis des Buches gezahlt, multipliziert mit der Zahl der verkauften Exemplare. Doch über dieses heikle geschäftliche Thema möchte der Verfasser hier eigentlich lieber schweigen.

Ebenso imponierend, wie die Ziffern, die der amerikanische Buchhandel in Umlauf bringt, sind manchmal die Einfälle jener Künstler, die einen Buchumschlag,

the book jacket, also gewissermaßen das Jackett eines Buches, entwerfen. Dieses *jacket* pflegt eine begeisterte Lobeshymne über den Inhalt des Buches aufzuweisen, die natürlich zum Kauf anlocken soll, der deutsche Waschzettel also, er heißt *blurb.* Die Kritik – das sei um Verwechslungen zu vermeiden – nochmals betont, heißt:

The review, wohingegen der Kritiker

the critic heißt. Es ist überall in der Welt das angestammte Vorrecht der Kunst- Buch- und Theaterkritiker, mitunter boshaft zu sein.

Wenn ihre Schärfe mit Witz gepaart ist, wird auch der unmittelbar Betroffene sie stillschweigend schlucken. Nach dem Besuch einer langweiligen Lustspielpremiere schrieb der amerikanische Kritiker Monty Woolley einmal:

For the first time in my life, I envied my feet. They were asleep!

Zum ersten Mal in meinem Leben beneidete ich meine Füße. Sie waren eingeschlafen!

Brooks Atkinson, der berühmte Theaterkritiker der »New York Times« schrieb einmal:

»*When Mr. Willbur calls his play ›Halfway to Hell‹, he understimates the distance.* – Wenn Mister Willbur sein Stück ›Halbwegs zur Hölle‹ nennt, dann unterschätzt er die Entfernung!«

Einem anderen Kritiker hat die bekannte amerikanische Schauspielerin Tallulah Bankhead als Kleopatra nicht recht zugesagt. Am nächsten Tag konnte man lesen:

»*Miss Bankhead barged down the Nile last night as Cleopatra and sank.* – Fräulein Bankhead segelte gestern abends als Kleopatra den Nil hinunter und sank [ging unter]!« Ein Wortspiel:

barge d. i. Kahn, *to barge* – sich ungeschickt bewegen.

Miss Bankhead, eine grandiose Künstlerin, kann es, gerade weil man an sie besonders hohe Ansprüche stellt, den Kritikern nicht immer recht machen. Aber ehe wir einen anderen ebenso herzlosen wie sprachlich amüsanten Kritikerstich gegen ihren Künstlerstolz verständlich machen können, müssen wir von dem vielseitigen englischen Wort

the slip berichten, das neben vielen anderen Bedeutungen, wie wir schon wissen, auch die des weiblichen Unterrocks hat,

to slip aber heißt gleiten, ausgleiten, sich entschlüpfen lassen, sowie nachlassen – im Sinne von schlechter werden.

You are slipping besagt: Du läßt nach, du bist nicht mehr auf deiner früheren Höhe. Eine populäre Redensart, die auch im übertragenen Sinn oft angewendet wird, lautet:

Don't look now, your slip is showing. Das bedeutet ungefähr: Schau jetzt nicht hin [mache die anderen nicht darauf aufmerksam], aber dein Unterrock schaut hervor; dein Unterkleid ist zu sehen. Man kann das auch manchmal über jemanden sagen, der sich irgendwie eine Blöße gegeben hat. Diese bekannte

Redewendung hat der oben erwähnte rücksichtslose Kritiker gegen die berühmte Tallulah Bankhead angewendet. Er schrieb:

Don't look now, Tallulah, your show is slipping! Schau jetzt nicht

hin Tallulah, [schau nicht jetzt drauf], aber deine *show* (deine Vorstellung, deine schauspielerische Leistung) läßt nach! Ebenso bitter war es, als ein Autor am Morgen nach der Premiere seines neuen Stückes in der Zeitung den Satz lesen mußte:

The seats were terrible. You could hear every word! Die Sitze waren schrecklich. Man konnte [mußte] jedes Wort [an]hören! Manche Buchautoren versuchen schon in den Widmungen, *dedications*, die sie ihren Werken vorausschicken, möglichst geistreich zu sein.

Betty MacDonald inscribed ›The Egg and I‹ to her sister Mary, who always believed I can do anything she puts her mind to – Betty MacDonald widmete »Das Ei und ich« ihrer Schwester Mary, »die immer geglaubt hat, ich kann alles tun, was sie sich in den Kopf setzt.«

Das Schriftsteller-Ehepaar Rosemary und Stephen Vincent Benét widmete eines seiner Bücher ihren Kindern mit folgendem Wortlaut:

To Stephanie, Thomas and Rachel, our other works in collaboration. Für Stephanie, Thomas und Rachel, unseren übrigen gemeinsamen Arbeiten!

A wellknown director dedicated his first book: ›To his wife without whose absence this could not have been written‹. – Ein bekannter Regisseur widmete sein erstes Buch seiner Gattin, ohne deren Abwesenheit dies [Buch] nicht hätte geschrieben werden können.

Stephen Leacock, ein kanadischer Humorist, gab einmal einem angesehenen jungen Autor, der ihn bestürmte, ihm das Geheimnis schriftstellerischer Erfolge zu verraten, folgenden Rat:

It is not hard to write funny stuff. All you have to do is to procure a pen and paper and some ink, and then sit down and write it as it occurs to you. The writing is not hard at all, but the occurring that, my friend, ist the difficulty! – Es ist nicht schwer [hart], einen spaßigen [humoristischen] Stoff zu schreiben. Alles, was du zu tun hast ist, eine Feder und Papier zu besorgen sowie etwas Tinte; und dann setz dich nieder und schreibe, wie es dir einfällt. Das Schreiben ist überhaupt nicht schwer, aber das Einfallen, das, mein Freund, ist die Schwierigkeit.

Wenn man jemanden über ein Theaterstück, oder auch über ein Buch, oder über eine Schallplatte sagen hört:

That is a sleeper, (wörtlich: das ist ein Schläfer), dann bedeutet das keineswegs, daß die Zuschauer des Stückes, oder die Leser des Buches, die Hörer der Schallplatte, beim Genuß der Neuheit – einschlafen werden.

to sleep, heißt bekanntlich schlafen,

the sleeper ist außerdem auch der Schlafwagen. Alle diese Tatsachen mögen also zu mißverständlichen Schlußfolgerungen über den Ausdruck führen, wenn er im

show-business angewendet wird.

»That is a sleeper« bedeutet in der künstlerischen Welt ein sehr schmeichelhaftes Urteil. Es besagt, daß ein Stück, eine Schallplatte oder auch manchmal ein Buch, von dem man anfangs überhaupt nichts gehalten hatte, sich plötzlich als großer Erfolg erweist. In irgendeinem obskuren Provinztheater wird zum Beispiel das Werk eines bisher völlig unbekannten Autors aufgeführt. Ohne große Ankündigung, ohne Fanfaren. Und plötzlich erobert sich dieses Stück die Aufmerksamkeit der gesamten Öffentlichkeit. Das ist es, was man unter einem

sleeper zu verstehen hat.

»Herr Doktor, ich bin nicht ganz auf der Höhe«

So fängt meistens unser Lamento an, wenn bei uns Patienten zu ihrem Arzt kommen. Der Amerikanisch sprechende Patient sagt genau dasselbe:

»Doc, I am not up to par.« Unser Arzt wird daraufhin mitfühlend fragen: »Na, wo fehlt's denn?« Der amerikanische Doktor fragt:

»What's wrong with you?« Wörtlich: was ist falsch [unrichtig] mit Ihnen? Und dann beginnt der Besucher seine Krankheitsanzeichen

the symptoms – die Symptome, aufzuzählen, und der Arzt bekommt bald heraus, ob er einen Kranken oder einen *hypochondriac* – einen Hypochonder, also einen eingebildeten Kranken vor sich hat. Ob man den Chirurgen, den Psychiater, den Neurologen, oder den Zahnarzt aufsucht:

the surgeon, psychiatrist, neurologist, dentist – es wird sich empfehlen, *to phone him in advance and make an appointment with his secretary or*

his nurse, also vorher bei ihm anzurufen und mit seiner Sekretärin oder Sprechstundenhilfe eine Verabredung zu treffen. In der nicht allzu gesunden Welt von heute sind die Ärzte überall sehr beschäftigt. Der Kranke ist, wie jedermann weiß,

the patient – der Patient. Aber der Arzt spricht von ihm meist als

the case – dem Fall. In Krankenhäusern,

hospitals, unterscheidet man zwischen

in-patients and out-patients. The in-patient is one who remains in the hospital, the out-patient is one who comes to the hospital for treatment. Ersterer ist also ein Patient, der im Hospital bleibt, der andere ist einer, der dorthin zur ambulanten Behandlung kommt. Bei dieser Gelegenheit sei davor gewarnt, die Worte

treatment und *treat* miteinander zu verwechseln. Sie sind gewissermaßen ein Gegensatz. Denn

the treat ist etwas höchst Angenehmes, was man vom

treatment leider nicht immer behaupten kann.

to treat heißt zwar auch »behandeln«, hat aber auch die Bedeutung von traktieren, von freihalten. Wenn man einen Freund – es kann auch eine Freundin sein – in ein nettes Restaurant, dann ins Theater und schließlich noch in eine Bar ausführt, so kann er (oder sie) nachher anerkennend sagen:

that really was a treat, das war wirklich ein Fest, das du mir, noch dazu auf deine Kosten, bereitet hast. Beim Arzt geht es bekanntlich leider nicht so munter zu, schon gar nicht, wenn man das Pech hat, auf

a quack doctor zu stoßen, was heutzutage ja kaum mehr passiert. Der Ausdruck gibt den deutschen Begriff des Quacksalbers genau wieder. Die große Kunst der Ärzte besteht darin,

to bring someone round which means to restore someone's health – jemanden »herum« (rund) zu bringen, was soviel bedeutet wie jemandes Gesundheit wieder herzustellen. Mitunter kommt der Arzt nach der Untersuchung zu dem Ergebnis: »Eigentlich fehlt Ihnen gar nichts.«

But you are physically run down – wörtlich: Sie sind körperlich »niedergelaufen«, gemeint ist: körperlich überarbeitet, heruntergekommen.

In den letzten Jahren hat sich die ärztliche Kunst in Amerika – und auch anderswo – immer mehr spezialisiert. Der sogenannte praktische Arzt,

the general practitioner, wird fast schon zur Seltenheit. Die Rolle des Hausarztes,

the family doctor, hat besonders in den Großstädten vielfach

the specialist – der Spezialist übernommen.

A Operating Room with a student's gallery is called: the theater; ein Operationssaal mit einer Galerie für die Studenten wird »Theater« genannt. Die Impfung heißt

the vaccination, die Injektion wird auch im Englischen

injection genannt, im Volksmund aber viel häufiger als

the shot – der Schuß bezeichnet.

The doctor gave me three shots – der Arzt gab mir drei Injektionen. Das Rezept ist:

the prescription.

To illustrate the importance of making prescriptions clear to patients a famous doctor used to tell his students the following story: A doctor once told a patient: The thing for you to do is to drink hot water an hour before breakfast every morning! After a week the man returned to the doctor's office and said: »I feel worse.« »Did you follow my directions and drink hot water an hour before breakfast every morning?« – »I tried my best«, replied the patient, »but I could not keep it up for more than 15 minutes at a time!«

Um zu illustrieren, wie wichtig es ist, dem Patienten eine Vorschrift [Verordnungen, Rezepte] klarzumachen, pflegte ein berühmter Arzt seinen Studenten die folgende Geschichte zu erzählen: Ein Arzt sagte einmal einem Patienten: »Was Sie tun sollten ist: jeden Morgen eine Stunde vor dem Frühstück heißes Wasser zu trinken!« Nach einer Woche kam der Mann wieder in die Ordination und sagte: »Ich fühle mich schlechter!« – »Haben Sie

sich an meine Anleitung gehalten und jeden Morgen eine Stunde vor dem Frühstück heißes Wasser getrunken?« – »Ich hab getan, was ich konnte [ich versuchte mein Bestes]«, erwiderte der Patient, »aber länger als 15 Minuten auf einmal konnte ich es nicht durchhalten!«

Die meisten Arztwitze kommen aus dem Lager der Psychoanalytiker.

»My family thinks there is something wrong with me«, a woman complained to the psycho-analyst, »simply because I like pancaces!« – »But there is nothing wrong about liking pancakes«, the doctor murmured puzzled, »I like them myself!« – »Oh, do you?« The woman was delighted. »You must come up some day. I have seven trunks full!« – »Meine Familie glaubt, etwas mit mir ist nicht in Ordnung«, beklagte sich eine Frau beim Psychoanalytiker, »bloß weil ich Pfannkuchen so gerne habe!« – »Aber daran ist doch nichts Unrichtiges, Pfannkuchen gerne zu haben«, murmelte der Arzt erstaunt, »ich habe sie doch selbst gerne!« – »Ja?!«. Die Frau war entzückt. »Sie müssen einmal zu mir kommen. Ich habe sieben Koffer voll!«

Über den Arzt, diese wertvolle und schätzenswerte Menschengattung, die uns am liebsten ist, wenn sie uns nur außerberuflich begegnet, wurden ungezählte Aussprüche getan. Der unbarmherzigste wohl von Napoleon, der behauptete:

Doctors will have more lives to answer for in the next world than even we generals. Ärzte werden in der anderen Welt für mehr Leben Rechenschaft geben müssen, als selbst wir Generäle!

Nach dem berühmt gewordenen Schlagwort:

Do it yourself! – mache es selbst (also ohne die Inanspruchnahme von Fachleuten), nehmen der Amerikaner und die Amerikanerin sehr häufig auch ihre medizinische Behandlung in die eigene Hand. Sie helfen sich mit Pillen bei kleineren, manchmal auch bei größeren Beschwerden. Die Vereinigten Staaten sind zweifellos der größte Pillenkonsument der Welt. Es gibt Pillen für und

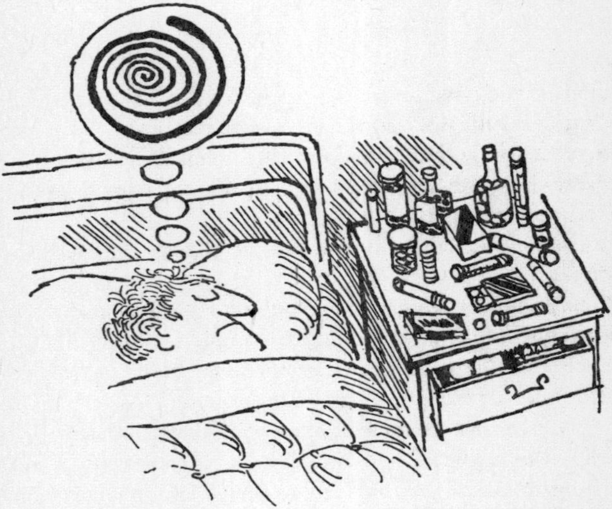

Pillen gegen alles; für und gegen das Kinderkriegen, für und gegen den Schlaf; es gibt Pillen zur Beruhigung und Pillen, die die geistige Apparatur auf Hochtouren bringen; Pillen, die man nimmt, ehe man zu einer wichtigen Unterredung mit dem Chef geht; Pillen gegen Erkältung, Husten und Schnupfen, gegen Kopf- und Halsschmerzen; Pillen, die Sportsleute zu höchster

Leistung aufpulvern; Pillen, die Schüchterne energisch machen und solche, die dem allzu Energischen einen Dämpfer aufsetzen. Es gibt Pillen in allen Farben und in den verlockendsten Packungen. Viele davon gibt es anderswo auch, doch werden zweifellos in den Vereinigten Staaten die meisten geschluckt.

Vom sprachlichen Standpunkt aus sei vermerkt, daß man auf deutsch Pillen und andere medizinische Mittel *gegen* ein Übel verwendet. Auf englisch sagt der Arzt:

Here I am giving you something for your headache. – Hier haben Sie etwas für Ihren Kopfschmerz.

Wenn auch die Pillenlawinen, die ständig durch Amerika rollen, nicht immer denen helfen, die sie zu sich nehmen –, denen, die sie erzeugen, haben sie bereits geholfen! Die Arzneimittelindustrie der USA ist die gewaltigste auf dem Erdenrund.

Ein bekannter amerikanischer Hypochonderscherz besagt dementsprechend:

He takes so many different-colored sleeping pills, he dreams in Technicolor! – Er nimmt so viele verschiedenfarbene Schlafpillen; er träumt farbig: in Technicolor!

Alle schimpfen übers Wetter, und keiner tut etwas dagegen

As the mercury went up, so did New York's shirtsleeves. Nach einem heißen Sommertag kann man obigen Satz in der »New York Times« lesen. Er besagt: Ebenso wie das Quecksilber emporkletterte [anstieg], so auch die Hemdsärmel der New Yorker.

New Yorkers either basked or broiled yesterday, according to their taste, in the hottest weather so far this year. Die New Yorker sonnten oder rösteten sich gestern, je nach Geschmack, im bisher heißesten Wetter dieses Jahres.

Das Wetter ist in New York, ja in ganz Nordamerika, sehr häufig allgemeiner Gesprächsstoff, weshalb sich das Scherzwort verbreitet hat:

Everybody talks about the weather but nobody does something about it. – Jedermann spricht über das Wetter, aber keiner tut etwas [dagegen]. Könnte man etwas dagegen tun, würden besonders die New Yorker sich sicherlich schon betätigt haben. Denn ihr Frühling ist nur ein grün angestrichener Winter, der Sommer ist mörderisch heiß, der Winter unfreundlich kalt. Die schönste New Yorker Jahreszeit ist der milde Herbst, mit seinem

Indian Summer, unserem Altweibersommer, wie man den oft langausgedehnten Spätsommer nennt. Wer sich über die manchmal so arge sommerliche Temperatur beklagt, vergißt dabei, daß New York auf demselben Breitengrad wie Neapel, also recht südlich liegt. Doch die Hitze ist es nicht allein, die den New Yorkern unbehaglich wird. Es ist die

humidity, der Feuchtigkeitsgehalt der Luft, der die Wäsche am Körper kleben und den Menschen, auch wenn er unbeweglich auf einem Stuhl sitzt, mächtig schwitzen läßt. In einem Zeitungsbericht heißt es da:

The mercury soared to a 1965 high of 89,6 degrees at 2.50 p. m., leaving the majoritiy of perspiring city-dwellers thankful only that is stopped short of the 94,3 record for the date set in 1925. Das Quecksilber schnellte um 2 Uhr 50 nachmittags zu einem 1965er Höchststand von 89,6 Grad empor und ließ die Mehrheit der schwitzenden Stadtbewohner noch dankbar dafür sein, daß es die Rekordhöhe von 94,3 nicht erreichte, die für diesen Tag [dieses Datum] im Jahre 1925 aufgestellt worden war.

So heiß, wie es nach diesem Bericht zu schließen wäre, ist es in New York allerdings nicht! Denn die 89,6 Grad sind weder Réaumur, noch Celsius, sondern die in Amerika ausschließlich üblichen Fahrenheit. 90 Grad Fahrenheit sind, wie wir alle einmal in der Schule gelernt und daher schon vergessen haben, 25,8 Grad Réaumur oder 32 Grad Celsius, also immerhin noch warm genug.

A high – ein Hoch, bedeutet: einen Barometer-Hochstand. Daß man im Englischen oft »hoch« sagt, aber »höchst« meint, geht auch aus der Redensart:

It is high time – es ist hohe Zeit, hervor. Gemeint ist natürlich, es ist höchste Zeit.

A blazing hot day or a boiling hot day is called a scorcher – ein brennend oder kochend heißer Tag wird (im Volksmund) *a scorcher,* – ein Senger –, genannt. Trotz der vielen schlechten Witze, die wie überall über die Wettervorhersagen,

weather forecast, gemacht werden, sind diese im allgemeinen ziemlich zutreffend. Wenn eine

heat wave – eine Hitzewelle, angekündigt wird, kann man sich meistens darauf verlassen, daß sie auch kommt. Die Zeitungen sagen dann:

The Weather Bureau attributed the heat that blanketed the city to a warm air mass that had moved up from the Gulf of Mexico. – Das Wetterbüro [die offizielle Wetterwarte Amerikas] schrieb die Hitze, die die Stadt einhüllte, einer warmen Luftmasse zu, die sich vom Golf von Mexiko heraufbewegte.

In den ersten Sommertagen kann man in der Zeitung lesen:

The first day of the season's first heat wave brought the year's largest weekday crowds to several Long Island beaches. Der erste Tag der ersten Hitzewelle der Saison brachte die größte Wochentags-Menschenmenge zu vielen Strandplätzen von Long Island. Die New Yorker sind – das ist ihr größter Trost in heißen Tagen – in der angenehmen Lage, in 30 bis 50 Autominuten die vielen wunderschönen Strandplätze am Ozean zu erreichen, wo sie in einer stets kühlen Brise und in dem noch kühleren Meer Erfrischung finden.

In New York, und in vielen anderen Gegenden Nordamerikas, kann es von Ende Mai bis Anfang Oktober so heiß sein, daß der Aufenthalt in geschlossenen Räumen nahezu unerträglich wird. Es gibt deshalb kaum einen Haushalt, aber auch kaum Büros und andere Arbeitsplätze, die nicht eine Klimaanlage, einen sogenannten

air-conditioner aufweisen, der die Luft kühlt und die Hitze vergessen läßt. Freilich fühlt man diese dann umso intensiver, wenn man aus einem

air-conditioned room, einem luftgekühlten Raum, ins Freie tritt. Mitunter passiert es, daß die Klimaanlage »Manderln« macht und nicht richtig funktioniert. In solchen Fällen muß rasch

the repair man her, der Mann, der den Schaden wieder repariert.

Aber gerade in den heißen Monaten ist er vielbeschäftigt und daher

hard to get – schwer zu haben.

Die hohen Temperaturen in weiten Teilen der Vereinigten Staaten dürften auch der Grund sein, weshalb Freiluftcafés,

open air cafés, eine Einrichtung, welche die Amerikaner auf ihren Reisen nach Europa so lieben, in Amerika immer noch verhältnismäßig selten sind. Im Hochsommer sitzt es sich in einem durch Klimaanlagen gekühlten Raum meistens angenehmer als im Freien. Gegen das Terrassencafé, auch

side-walk café genannt, wurden in New York auch hygienische Argumente ins Treffen geführt. Die Stadtverwaltung hat es sogar lange Zeit als Verkehrshindernis angesehen, wenn ein Speiselokal auf dem Gehsteig Tische und Stühle, von großen Sonnenschirmen beschattet, aufstellen würde. Die Opposition gegen das Terrassencafé ist aber in New York inzwischen gefallen. Es gibt nunmehr bereits an die vierzig solcher Freiluftlokale, die, wenn die Quecksilbersäule nicht gar zu hoch ansteigt, gut besucht sind. Doch der New Yorker nimmt sich im allgemeinen sehr selten die Muße, den Kaffee im Freien zu sich zu nehmen und dabei das immer bewegte Panorama des vorbeirauschenden Straßenverkehrs zu beobachten.

Dem amerikanischen Klima mag es auch zuzuschreiben sein, daß die Nacktkultur soviele Anhänger findet. Die Nacktkulturklubs und ihre *Camps* sind natürlich ein willkommenes Objekt für die Komiker. Einer erzählte einmal von einem seiner Nacktkulturfreunde:

He sneaked his girl out of the nudist camp because he wanted to see what she looked like in a bathing suit! – Er schmuggelte sein Mädchen aus dem Lager des Nacktkulturklubs, denn er wollte wissen, wie sie in einem Badeanzug aussieht!

An einem der ersten warmen Frühlingstage liest man dann in den Tagesblättern:

The uniform of the day included few coats, fewer hats, open collars and dark glasses. Die Uniform des Tages umfaßte wenige Mäntel, noch weniger Hüte, offene Kragen und dunkle Brillen.

Diese Sonnenbrillen erinnern an die boshafte Bemerkung, die

einmal über die Hollywoodstars gemacht wurde.

Hollywood stars wear dark glasses to be recognized – Hollywoodstars tragen dunkle Gläser, um – erkannt zu werden!

In der Wettervorhersage heißt es manchmal:

Temperatures in the nineties again were predicted to-day with scattered clouds and possible showers. – Für heute waren wiederum Temperaturen in den »Neunzigern« vorausgesagt, mit vereinzelten Wolken und möglichen Regengüssen.

A shower ist der kurze, aber kräftige Regenguß, er ist aber auch die Dusche.

Der große amerikanische Humorist Mark Twain hat einmal gesagt:

»If you don't like the weather in America, just wait a few minutes!« – Wenn dir das Wetter in Amerika nicht gefällt –, so warte nur ein paar Minuten!

Denn es ändert sich mitunter so schnell, wie meine liebe Frau ihre Meinung ändert, was aber überhaupt nicht hierher gehört ...

Jingles und slogans, die Sprachgeschichte machen

Reklame-Verlautbarungen im Rundfunk und im Fernsehen, sind in USA

commercials. Sie sind manchmal musikalisch untermalt, gereimt oder auch gesungen. Diese Reklameverse, mit oder ohne Musik, haben den amerikanischen Fachausdruck

jingles angenommen. Beides wissen unsere lieben Leser bereits aus dem Vorläufer dieses Buches. Unterdessen haben aber manche

jingles in Amerika Sprachgeschichte gemacht. Sie gehen dem Hörer keineswegs bei einem Ohr hinein und beim anderen hinaus. Sie gehen beim Mund hinaus. Das heißt, der Amerikaner hat etliche, geschickt getextete

jingles bereits in seinen Sprachschatz aufgenommen. Er gebraucht sie scherzhaft oder gewohnheitsmäßig. Die Erfinder der Werbereime können sich, mit einem Wort, keinen besseren Erfolg wünschen. Ihr *jingle* hat sich wirklich in der Volkssprache verankert. Wenn etwa jemand in einer Alltagskonversation einen Satz mit den Worten »Sie können sicher sein ...«

You can be sure ... beginnt, kann man bestimmt damit rechnen, daß der andere lächelnd ergänzt:

... *if it's Westinghouse.* Die berühmte Herstellerfirma von elektrischen Apparaten aller Art, Westinghouse, hat mit ihrem jahrein, jahraus gebrachten *slogan:*

You can be sure, if it's Westinghouse, also: »Sie können sicher sein, wenn es [von] Westhinghouse ist«, genau das erzielt, was sie erzielen wollte. Jeder, der einen elektrischen Apparat kaufen will, muß unwillkürlich an das Sprüchlein »Sie können sicher sein ...« denken. Ein anderes Schlagwort hat im Lager der Sprachpuritaner eine kleine Revolution hervorgerufen, ist aber deswegen (oder gerade deshalb) nicht weniger populär geworden. Die beliebte Zigarettenfirma »Winston« hat den *jingle* geprägt:

Winston tastes good
Like a cigaret should

Also: Winston schmeckt gut,wie eine Zigarette es soll. Strengen grammatikalischen Regeln zufolge müßte es heißen:

Winston tastes good – as a cigaret should. Aber die psychologisch geschickten »Jingles«-Poeten haben sich, wie man sieht mit Recht gesagt, daß eine kleine sprachliche Unregelmäßigkeit mehr Aufmerksamkeit erregen würde als ein glatter Satz, der bei niemandem Widerspruch erregt. Nach den Worten

tastes good ist außerdem ein kleines Klingelzeichen zu hören, wie von einer Registrierkasse, die geöffnet und wieder geschlossen wird, womit der vollzogene Ankauf der Zigarettenpackung akustisch angezeigt wird.

In Amerika, wo auch die Bankhäuser ständig für sich Propaganda machen, ist der Reklamespruch der größten Bank zum geflügelten Wort geworden:

You have a friend at the Chase Manhattan, wird immer wieder scherzhaft zitiert, auch dann wenn nicht gerade von einer Bankverbindung die Rede ist. Wenn irgendwo der Satz fällt:

You have a friend ..., wird dieser unausweichlich durch die Worte ergänzt:

... *at the Chase Manhattan* – bei der Chase Manhattan! Die ›Chase Manhattan Bank‹ ist eine der ältesten und bestrenommierten unter jenen fünfzig Banken Nordamerikas, die über Einlagen von 500 Dollarmillionen und mehr verfügen. (Daneben gibt es in den USA weitere 14000 kleinere Banken.) In den Köpfen des amerikanischen Publikums haben sich noch viele andere »*Slogans*« festgesetzt. Die großen Luftfahrtslinien, die natürlich miteinander in scharfem Konkurrenzkampf liegen, haben ebenfalls prägnante Reklamesprüchlein geprägt. Als eines der erfolgreichsten hat sich der simple Satz erwiesen:

Pan American – the Worlds most experienced Airline! – Also: Pan American, die erfahrenste Fluglinie der Welt! Man hört ihn aus dem Rundfunk, man sieht ihn auf dem Bildschirm und er leuchtet dem Zeitungsleser fast täglich aus ganzseitigen Inseraten entgegen. Und er wirkt!

Die Luftfahrtlinien Amerikas haben auch längst dafür gesorgt, daß das Fliegen nicht mehr allein ein Vorrecht der Begüterten ist. Ihr neuester Schritt zur Popularisierung des Fliegens war ihr Schlagwort:

Fly now – pay later! Fliege jetzt – zahle später! Gegen eine winzige Anzahlung kann sich auch der kleinste Bürger auf die größte Flugreise begeben. Er begleicht seine Flugkarte erst nachher in vielen Raten. Dieser kommerzielle Schlachtruf hat eine scharfe satirischen Umkehrung erfahren, nachdem die Schriftstellerin Jessica Mitford ein Aufsehen erregendes Buch geschrieben hatte, in dem sie schonungslos aufzeigte, wie teuer in Amerika nicht bloß das Leben, sondern auch das Sterben ist. Als Titel ihres Buches wählte Jessica Mitford die Umkehrung des bekannten Ausdruckes:

The American way of life – das heißt: der amerikanische Lebensstil, wörtlich: die amerikanische Art zu leben. Sie nannte ihr Buch (das auch in deutscher Übersetzung bei Otto Walter erschienen ist)

The American way of Death, also etwa: der amerikanische Sterbestil. Sie wies in ihrem Werk darauf hin, daß das in Amerika fast vollends in den Händen privater Unternehmer liegende Bestattungswesen der Bevölkerung ganz unbegründet beträchtliche Lasten auferlegt. Die Kosten der Begräbnisfeierlichkeiten sind enorm hoch; außerdem hat man sich das Plätzchen, an dem man sich zur letzten Ruhe zu legen gedenkt, auf einem der Friedhöfe (die ebenfalls das Eigentum privater Institutionen sind), rechtzeitig zu sichern. Und zwar zu festlich erhöhten Preisen. Wenn man dies nicht tut, läuft man Gefahr, an seinem Todestag sozusagen obdachlos zu werden. Die Zeitungsanzeigen: »Sichern Sie sich rechtzeitig ein schönes Grab«, macht auf die für einen besonderen Totenkult empfänglichen Amerikaner stärksten Eindruck. Man folgt der Aufforderung und sichert sich noch in der Blüte der Jahre eine Stätte fürs Jenseits. Ein witziger Sozialkritiker hat deshalb der so emsigen Bestattungsindustrie (und von einer solchen darf man wohl sprechen) kürzlich den Vorschlag gemacht, als Losungswort ihrer Tätigkeit die Worte zu wählen:

Pay now – die later! Also: Zahle jetzt – stirb später!

Im ›National Funeral Service Journal‹, dem Organ der amerikanischen Bestattungs-Institute heißt es bezeichnenderweise:

The focus of the buyer's interest must be the casket, vault funeral

cars etc., – the only tangible evidence of how much has been invested in the funeral – the only status symbol associated with a funeral service. – Im Brennpunkt des Käuferinteresses müssen Sarg, Grab, die Leichenwagen etc. sein – die einzigen greifbaren Beweise dafür, wieviel für eine Beerdigung investiert wurde, das einzige Statussymbol, das mit einem Begräbnis assoziiert wird.

In ihrer Fachzeitung sind die Leichenbestatter realistisch genug, den Leidtragenden den Käufer zu nennen. Ansonsten bedienen sie sich einer sehr blumenreichen Sprache, die zum Beispiel das Wort »Tod« aus ihrem Lexikon gestrichen hat und dem Leichenbestatter *the undertaker*, niemals diese »derbe« Bezeichnung beläßt, sondern immer vom *mortician* spricht, was zwar auch nichts anderes ist, aber weit schonungsvoller klingt. Übrigens besagt das Wort *undertaker*, wörtlich übertragen, auch Unternehmer. Ein Berliner Unternehmer, der einmal nach Australien auswandern wollte, schrieb in sein Gesuch an die australischen Behörden in die Rubrik »Beruf«: *undertaker*, also Unternehmer. Zum Unterschied von vielen seiner Freunde, die vom australischen Einwanderungsamt abgelehnt wurde, hieß man jenen Berliner willkommen. Denn Australien suchte damals gerade dringend – Leichenbestatter!

Zu dem eben erwähnten Begriff *status symbol* wäre ein Wort zu sagen. Ein schönes, ein kostspieliges Begräbnis ist in Amerika zum »Statussymbol« geworden, zum Nachweis eines gehobenen Standes innerhalb der bürgerlichen Gesellschaft. Auch ein Cadillac, ein Abonnement für die Metropolitan-Oper, ein Stadthaus in einer vornehmen Wohngegend und natürlich auch eine Villa am Meer sind ein Statussymbol, ein soziologischer Terminus, der übrigens ebenfalls im Begriff ist, in der deutschen Sprache Aufnahme zu finden.

Doch nun zurück zu den »Slogans«. Zum geflügelten Wort – geflügelt im wahrsten Sinne des Wortes – ist auch der Einfall jenes Mannes geworden, der für die führende amerikanische Autoverleih-Firma Hertz als Reklamegenie fungiert. Aus dem Fernsehen klingen, mit rhythmischer Musik untermalt, die Worte:

Let's Hertz . . . put you . . . in the driver's seat! Zwischen den drei Teilen dieses Wahlspruches sind wirksame Pausen eingeschaltet und unterdessen sieht man auf dem Bildschirm ein leeres Auto, das die Landstraße entlangfährt. Und plötzlich kommt, gewissermaßen aus heiterem Himmel, ein fröhlicher junger Mann geflogen, der genau auf dem Führersitz des dahinfahrenden Wagens landet und munter weiterlenkt. Der Reklamespruch: Laß Hertz – dich – in den Führersitz setzen! Das Wort *you* wird melodisch in die Länge gezogen. Der Sinn ist: dann gondelst du dahin, wie im eigenen Auto. Aber ohne die Sorgen des Auto*besitzers.* Denn die hohe Versicherung, die kostspieligen Reparaturen und den Ärger, wenn der Wagen einmal »Launen« haben sollte –, all das übernimmt Hertz!

Auch der edle weiße Riese, der in weißem Gewande über den Bildschirm stürmt, allen Schmutz schonungslos niederreitet oder wegwischt, und dabei den Schlachtruf prägt:

New Ajax is stronger than dirt! ist in Amerika in die Alltagskonversation eingedrungen. Das »Losungswort« des Putzmittels Ajax, das »stärker ist als der Schmutz« wird in allen möglichen Kombinationen scherzhaft verwendet. Dasselbe läßt sich vom Werbespruch der großen Öl- und Benzin-Firma Esso sagen.

Put a Tiger in your Tank! »Pack den ›Tiger‹ in den Tank«, so wird allenthalben sofort zitiert, wenn zufällig das Wort »Tiger« fällt, das Esso als N[illegible]ame für sein Winterbenzin gewählt hat. Esso schließt seine Werbung immer mit dem automobilistischen Wunsch: »Froh[illegible] Fahrt«, der in Amerika

»Happy Mot[illegible]ing [illegible]aute[illegible] . . .

Der letzte Schrei der Mode ertönt jeden Augenblick!

Dem unerforschlichen Ratschluß der Modeschöpfer zufolge, also der

fashion creators or fashion designers, ist jeden Moment etwas anderes hochmodern. Das hat für alle Ehemänner den nicht zu unterschätzenden Vorteil, daß sie mit der gymnastischen Übung des »in-die-Brieftasche-Greifens« nie aus dem Training kommen.

Dame fashion – die »Dame Mode«, oder wie es deutsch besser klingt, Königin Mode, läßt, wie gesagt, immer wieder

her latest scream or her latest cry – ihren letzten Schrei hören, der aber niemals ihr letzter, sondern nur ihr jüngster ist. Und doch sagt der große Fachmann John Fairchild, der Herausgeber der amerikanischen »Mode-Bibel«, der Tageszeitung *WWD (Women's Wear Daily):*

Clothes don't change each season, Designers just work on the cut and change the technique! Kleider verändern sich nicht in jeder Saison. Die Entwerfer arbeiten bloß am Schnitt und ändern die Technik.

Und er fährt fort:

Fashion is big business – in America 18 billion annually. Fashion is serious, mad, fun, rewarding – Mode ist (ein) großes Geschäft – (Umsatz) in Amerika 18 Milliarden Dollar pro Jahr. Mode ist ernst, verrückt, spaßig und einträglich.

Gloria Guinness, die Chefin der großen Modezeitschrift »Harper's Bazaar«, die in Amerika

The Fashion Goddess, die Modegöttin, genannt wurde, schrieb einmal, daß es doch recht amüsant wäre, wenn die Frauen gar keine Kleider mehr tragen würden. Ein Proteststurm folgte. Nicht aus moralischen, aus wirtschaftlichen Gründen ...

Christian Dior definierte die Mode mit den Worten:

»Fashion is not an art. Fashion is not beauty. Fashion is just a touch of the marvelous!« – Mode ist keine Kunst. Mode ist nicht Schönheit. Mode ist nichts als ein Anflug des Wunderbaren.

Man hört auch oftmals sagen:

This is the last word in fashion – das ist das letzte Wort der Mode; denn die Mode neigt dazu, wie auch andere weibliche Wesen, immer gerne das letzte Wort zu haben.

to be fashionable – modern, modegerecht sein, kann auch mit der einst volkstümlichen Wendung

to be chic – ausgedrückt werden. Die Frauen der ganzen Welt legen Wert darauf,

to keep in step with fashion – mit der Mode Schritt zu halten.

To pass out of the picture means to become passé – aus dem Bild [von der Bildfläche] zu verschwinden, bedeutet »passé« zu werden. Passé ist ebenso wie »chic« aus dem Französischen zu einem allgemein gebrauchten englischen Wort geworden.

Something is old-fashioned, also etwas Altmodisches, kann auch *corny* genannt werden, ein Wort, das nebenbei auch noch andere Bedeutungen hat, wie zum Beispiel kitschig. Ein vernichtendes Urteil über die »beste« Freundin lautet:

she is out of step – sie hält nicht Schritt. (Gemeint ist mit der im Eilzugtempo sausenden Mode.) In Amerika wird den Frauen das Schritthalten mit der Mode verhältnismäßig leicht gemacht. Die Kleider werden, (mitunter nach dem Vorbild teurer Modelle) sehr »chic« zugeschnitten und dank der Massenfabrikation erstaunlich billig hergestellt. Welche Frau könnte einem Zeitungsinserat widerstehen, das sich liest wie eine Stelle aus einem zarten Liebesroman:

No, you are not dreaming ... here is a wonderful pure silk dress at an unbelievably low price, cool, light, rich in tone, the fabric you'll want to live in, during the hot summer months ... Nein, Sie träumen nicht. Hier ist ein wundervolles, reinseidenes Kleid zu einem unglaublich niedrigen Preis, kühl, leicht, farbengesättigt. Der Stoff [das Material], in dem Sie in den heißen Sommermonaten werden leben wollen [... in dem Sie sich ... wohlfühlen]. Ebenso verlockend wie diese Inserate getextet sind, sind auch die Anzeigen mancher Kleiderfirmen gezeichnet. Sie locken aus Zeitungen, Magazinen und von Plakatwänden die weibliche Kundschaft an. Da sieht man zum Beispiel eine gutangezogene Frau vor den Gittern eines Gefängnisses sitzen. Zwischen den Gitterstäben blickt abgehärmt und traurig ein Sträf-

ling heraus. Die ihn besuchende Dame sagt tröstlich: »Du wirst für mich nicht mehr stehlen müssen! Ich kaufe doch jetzt bei der billigen Firma X, die die herrlichsten Kleider hat!«

The fabric oder

the material ist also der Stoff,

Pure silk – reine Seide, zum Unterschied vom einstigen *rayon,* worunter man ein kunstseidenes Fabrikat zu verstehen hat, wird heute durch die Begriffe für die

synthetic fibres – Kunstfaserstoffe, wie Orlon, Terylene oder Courtelle verdrängt. Daneben gibt es für den Sommer

prints, cottons, nylons – bedruckten Sommerstoff, Baumwollstoff, und Nylon –, Begriffe, die man längst auch in Europa kennt. Alle diese Sommerkleider sind – wie die Gattin des Autors behauptet – wahre Gedichte, und zwar waschbare Gedichte, die sich nicht drücken und nicht »eingehen«. Welcher Poet kann das von seinen Erzeugnissen behaupten?

These dresses are washable, crease resistant and shrink resistant. Diese Kleider sind waschbar, knitterfrei und gehen nicht ein. Im Sommer hat die Frau die Hosen an. (Nur im Sommer?) Sie trägt in Amerika

shorts, slacks, Bermudas or pedal pushers, kurze sportliche, lange Hosen – *pants* – oder sogenannte Pedal-Treter, (weil sie beim Radfahren vorteilhaft getragen werden können). Die »Pedal-Treter« sind bei jüngeren Damen und solchen, die es sein wollen, besonders beliebt. Früher einmal wurden *shorts* und *slacks* nur am Strand oder in der Sommerfrische getragen, *slacks* manchmal auch in der Großstadt. Heute wird fast alles überall getragen. Unter

beach wear versteht man alle Kleidungsstücke, die am Strand üblich sind.

A bathing suit ist ein Badeanzug, der sehr häufig

strapless, trägerlos ist. Ein kühner Modeschöpfer in Los Angeles hat sich nicht bloß den trägerlosen, sondern einen oberteillosen Badeanzug –

topless bathing suit – einfallen lassen. Es ist vielleicht nur noch eine Frage der Zeit, ob dem weiblichen Badeanzug nicht auch der untere Teil,

the bottom, genommen werden wird und dann gar nichts übrig bleibt. Diese Erfindung ist vermutlich nur deshalb bisher nicht propagiert worden, weil sie auch preislos wäre; das heißt, weil die Erzeuger für nichts auch keinen Preis berechnen könnten.

An kühlen Abenden legt die Dame über all diese leichten Hüllen einen

topper – einen halblangen saloppen Mantel. Manchmal wird man ein Kleid als *two piece-dress* angekündigt finden, also ein zweiteiliges Kleid, ein Gebilde, das aus Rock und Oberteil besteht. Zum Unterschied vom

formal gown, dem formellen offiziellen Kleid, das mehr bei feierlichen Anlässen angelegt wird, gibt es auch

the casual dress – ein Kleid für ungezwungene Gelegenheiten. Eine der besten Definitionen des Begriffes Mode hat Oscar Wilde einmal formuliert. Er sagte:

Fashion is what one wears oneself, what is unfashionable is what other people wear. – Mode ist, was man selbst trägt. Unmodern ist, was andere Leute tragen. Ein französischer Sozialkritiker hat ganz richtig festgestellt:

Every generation laughs at the old fashions but follows religiously the new. Jede Generation lacht über die alte Mode, folgt aber gewissenhaft (so wie einer Religion) der neuen.

Und weil wir gerade beim Kapitel Mode sind, sei die folgende wahre Geschichte aus New York dem lieben Leser nicht vorenthalten.

A gentleman walked into the shop and pointed out a dress in the window. »That red one, with green and yellow«, he said. »Would you take it out of the window for me?« – »Certainly«, the clerk replied. »Thank you very much«, said the gentleman mowing toward the exit. »The horrible thing bothers me every time I pass.« Ein Herr trat in ein Geschäft und wies auf ein Kleid im Schaufenster. »Dieses rote da, das mit grün und gelb«, sagte er, »würden Sie das für mich aus dem Schaufenster nehmen?« »Gewiß«, erwiderte der Verkäufer. »Danke vielmals«, meinte der Herr, während er sich dem Ausgang zuwandte, »das gräßliche Ding stört mich jedesmal, wenn ich vorbeikomme!«

Die Sprache der höheren Regionen

Ein New Yorker Reisebüro hat kürzlich allen Ernstes bekanntgegeben, daß es bereit sei, jetzt schon Vormerkungen auf die ersten regelmäßigen Passagierflüge zum Mond entgegenzunehmen! Und einige hundert Amerikaner haben sich, allen Ernstes, für dieses reizende Wochenendabenteuer bereits angemeldet. Verrückt?

Vielleicht!

Aber auch der Ausdruck unbedingten Vertrauens in eine phantastische Zukunft, der Ausdruck der Zuversicht in ein Morgen, das immer neue Wunder bringen muß.

Die neue Dimension spricht eine neue Sprache. Mit den 15000 Worten, mit denen der Durchschnittsamerikaner sein Auskommen findet, reichen die Männer, die durch das Weltall schweben, längst nicht mehr aus. Es bleibt uns also nichts anderes übrig, als ein paar ihrer Vokabeln zu lernen. Und zwar vor allem jene, die im Raketentempo auch in unsere bescheidenen Gefilde der gewöhnlichen Sterblichen dringen. Den *ganzen* Wortschatz der höheren Regionen zu erfassen, müßten freilich dicke Bände her und nicht ein Kapitel in einem schlanken Buch wie diesem hier. Wir wollen deshalb nicht von

Magnethydrodynamics, Aeroembolism, Biostronautics und anderen zungenverrenkenden Prägungen sprechen, von Dingen, die uns so ferne sind wie vorläufig noch der Mond. Der Autor will diese komplizierten Begriffe auch deshalb nicht erörtern, weil eine solche Diskussion zwangsläufig enthüllen müßte, daß er nichts davon versteht. Wir wollen aber zumindest in die Lage versetzt sein, die Funkunterhaltung zweier Weltraumfahrer zu erfassen, die von ihren Gondeln aus in ihrer neuen Sprache munter mit einander plaudern. Liest man ihre Konversation, so meint man auf Anhieb schon die ersten Mondbewohner sprechen zu hören.

Are you turtle? fragt der eine.

Wilco, gibt der andere wortkarg zur Antwort.

Auch wer gut Amerikanisch spricht, wird sich da nicht so leicht zurechtfinden. *Are you [a] turtle*? – »Bist du eine Schildkröte?«, bedeutet: »Warum sagst du nichts?« und

Wilco – ist die knappe Abkürzung für:

Will comply – ich werde deinem Wunsch entsprechen und dir gleich etwas sagen.

Come in, please! »Komm herein, bitte«, besagt: Melde dich, bestätige mir, daß du mich gehört hast.«

Do you read? – »Liest du?« besagt: hast du meine Mitteilung richtig empfangen, hast du mich gehört?

I read you strong and loud – ich lese dich stark und laut, bedeutet: Ich habe dich gut und deutlich verstanden.

You're coming in weak und broken – du kommst schwach und gebrochen herein, besagt natürlich: man kann dich kaum verstehen.

You are a little garbled – du bist ein bißchen entstellt: ich kann dich nicht sehr gut verstehen.

Sorry, I miscalled you – bedaure (entschuldige), ich habe dir die falsche Information gegeben.

I picked you up – ich habe dich gehört.

Everything is right on the nose – alles ist genau auf der Nase! Das ist eine Fachprägung, die aus dem Studio der Rundfunkstationen in die Weltraumregionen übernommen wurde. Wenn ein Radiosprecher vor seinem Mikrophon weder zu schnell, noch zu langsam, weder zu laut, noch zu leise ist, dann tippt der Sendeleiter aus dem Kontrollraum mit dem Finger auf seine Nase und deutet damit an, daß alles genau so ist, wie es sein soll.

Over – über, hinüber, ist das Wörtchen, das die Radiounterhaltung von seinem Sprecher an den anderen weitergibt. Wenn einer der Sprechenden seine Mitteilung mit *over* beendet hat, zeigt das an, daß er nun vom anderen die Antwort hören will. Noch deutlicher ist:

Out and over; das bedeutet: ich bin zu Ende, jetzt sollst du sprechen.

The astronaut, der Mann, der durch den Weltraum fliegt, ist längst ein deutsches Wort geworden. Es wird auch nur noch selten mit *the aeronaut* verwechselt, das schon ein bißchen altmodisch geworden ist, denn es bezeichnet jenen, der sich damit begnügt, bloß durch die Luft zu fliegen. Mitunter eilt die Sprache im Höllentempo ihrer Zeit voraus und prägt das Wort:

Astronette, worunter ein weibliches Wesen zu verstehen ist, das sich ins All zu begeben pflegt. Abgesehen für eine stramme Russin, harrt diese neue Sprachschöpfung noch der Anwendung. Aber vermutlich nicht für allzulange.

T-time heißt keineswegs Tee-Zeit, sondern ist die Abkürzung von *take-off time,* also die Startzeit.

T minus 2 – zwei Minuten vor der Startzeit.

The countdown ist jene kritische Zeitperiode, in der eine Reihe der letzten Vorbereitungen ausgeführt werden, die dem Abschuß einer Rakete vorausgehen. Da werden die tausend Einzelheiten noch einmal überprüft, die das Gelingen oder Versagen eines Weltraumstarts entscheiden. Der Astronaut paßt auf, daß die vielen Details seiner Adjustierung allen Vorschriften gerecht werden. Er sieht vor allem darauf, daß sein

horse collar, sein Kummet, sein »Pferdekragen«, in Ordnung ist, jene Vorrichtung, an der ihn der Hubschrauber herausangeln kann, wenn er im Ozean gelandet, aus seiner Kapsel kriecht. Er wird auch darauf sehen, daß sein

motorman's friend richtig sitzt, jene Röhre, durch die der Astronaut im Flug durch das All seine menschlichen Bedürfnisse erledigen kann. Auch diese Übermenschen sind nur Menschen.

In the green, im Grünen, lautet die heißersehnte Meldung, die die Astroingenieure vor dem Abschuß einer Weltraumkapsel hören wollen. Es bedeutet, daß alles in Ordnung ist.

Fuel is in the green heißt: der Treibstoff ist »o. k.«

all electrical is in the green – alle elektrischen Vorrichtungen sind in bester Verfassung. Wenn dann auch der Astronaut selbst melden kann:

I am in the green – dann kann es wirklich losgehen! Der Superlativ von »o. k.«, den die Weltraumfahrt geschaffen hat, lautet:

A-okay, also »erstklassig o. k.,« demnach ein Zustand, wie man sich ihn nicht besser wünschen kann. Dann erst geht

the lift-off, take-off or blast-off wirklich in Szene, also der Abschuß der Rakete. Dabei wird unter *lift-off* meistens der in vertikalem Aufstieg erfolgende Abschuß verstanden, unter *take-off* der Abschuß, der in einem Winkel erfolgt.

Die Wörter »Ja« und »Nein« werden unter den amerikanischen Weltraumfahrern durch

affirmative, bzw. *negative* ersetzt.

All systems go besagt, daß alles funktioniert wie es geplant war.

Go – los, heißt natürlich: fertig zum Start.

Fuel is go – Treibstoff ist startbereit.

No go ist das Signal zum Stoppen aller Vorbereitungen. Statt des optimistischen

I am in the green meldet der Weltraumfahrer:

I am in the red, womit die rote, haltgebietende Verkehrsampel aufgezogen zu sein scheint, (was – auf der Erde – auch heißen kann: ein Defizit zu haben).

Streckenweise wird die Sprache der Astronauten nahezu zart und

poetisch, etwa dann, wenn sie eine Rakete, ein Raumfahrzeug
bird – Vogel nennen, oder wenn von einem
angel – Engel, die Rede ist, womit ein Radarecho gemeint ist, dessen Ursache unsichtbar bleibt. Ein Sturzhelm wird spaßhaft als
brain-bucket – Gehirnkübel, Gehirneimer bezeichnet,
to bleed, bluten, heißt: Treibstoff aus dem Tank entfernen, ihn verlieren.
the bullhorn nennt der Weltraumfahrer den Lautsprecher. Unter
cliff-hanger, wörtlich einer der an einem Felsen (Kliff) hängt, verstehen die Weltraumfahrer jede gefährliche Mission, die sie mitunter auch
hairy – haarig nennen.

Die Raumfahrer haben in ihrer Kapsel bekanntlich alles, nur keinen Raum. Die Nahrungsmittel, die ihnen mitgegeben werden, müssen zu Pastenform reduziert in Tuben gequetscht werden, aus denen sie sie dann pressen müssen, wenn sich Appetit einstellt. Für diese Pastenspeisen wurde das Wort
goop geschaffen, aus dem der onomatopoetische Schluß gezogen werden kann, daß die Astronauten von diesen kulinarischen Genüssen nicht übermäßig begeistert sind.

Auch von
space cooking wird bereits gesprochen. Man hat darunter das Kochen unter schwerelosen Bedingungen zu verstehen. Der Weltraumfahrer »kocht« natürlich ohne offenes Feuer, mittels eigens konstruierter Geräte.
Laundry bag – Wäschesack ist die Alltagsbezeichnung für den Fallschirm.
the fall-out, der Ausfall, der Niederschlag und zwar der radioaktive Niederschlag oder die Ausschüttung, hat auch ein »irdisches« Homonym:
to fall out with someone bedeutet im allgemeinen Sprachgebrauch sich zanken, sich entzweien.
hot papa, der heiße Papa, heißt der in Asbest gekleidete Mann der Rettungstruppe, dessen Aufgabe es ist, jemanden bei Explosionen etc. buchstäblich aus dem Feuer zu reißen.
the onionskin atmosphere, die Zwiebelhaut-Atmosphäre, werden jene zwei Meilen der noch atembaren Atmosphäre genannt, die

rund um die Erde liegt.

the panic button – der Panikknopf (Angstknopf), ist der Kontrollknopf für einen krassen Notfall. Er wird in humorvoller Selbstsatire von den Raumfahrern auch

chicken switch, ein »Hühnerschalter« genannt, wobei das Wort »Huhn« in der Bedeutung von Feigling gemeint ist.

Sitting fat, fett sitzen, besagt, daß die erstrebte Bahn (*orbit)* erreicht ist und auch sonst alles zu bester Zufriedenheit funktioniert.

Tin can, Blechdose oder Blechbüchse, ist neben dem bereits erwähnten

bird (Vogel) die populärste Bezeichnung für die Weltraumkapsel. Es gibt auch bereits ein »Wörterbuch für den Mann im Weltraum«. Es heißt

»The Man-in-Space-Dictionary« und stammt von Martin Caidin. Diesem Buch sind einige der hier erwähnten Redensarten entnommen. Die Sprache der höheren Regionen wird in jenem aufregenden Moment besonders blumenreich, in dem der Abflug ins nicht mehr so ganz Unbekannte seinen Anfang nehmen soll.

The pigeon is about to fly – die Taube ist im Begriff zu fliegen, heißt es von dem letzten »Los« eines Weltraumstartes. Mitunter hört man auch:

a bird is live on the pad – ein Vogel ist lebend auf der Rampe (dem Pfad). Gemeint ist natürlich: auf der Startbahn *launching pad.* Die dritte vor dem Weltraumstart oft gehörte Wendung lautet:

The count is hot, das Zählen ist heiß. Gemeint ist, daß die letzten Kommandos »heiß« sind, unmittelbar vor ihrem Abschluß und Höhepunkt. Das Zählen erfolgt ja bekanntlich nicht von eins bis zehn, sondern umgekehrt von zehn bis null.

Zero hour – die Nullstunde bringt das Ereignis des Abschusses. Das Wort *zero* erfreut sich übrigens als kraftvolles Verstärkungspartikel bei den Teenagern besonderer Beliebtheit.

Cool bedeutet – wie schon in einem früheren Kapitel erwähnt – gut; aber auch rücksichtslos, wohingegen *zero cool* – eiskalt, unverfroren bedeutet. Die überschwengliche Jugend hat mit dem gleichen Ausdruck einen neuen Superlativ geschaffen. Besser als *zero cool* kann überhaupt nichts mehr sein!

Kitsch as Kitsch can!

Als schwachen Ausgleich für die Unzahl der Worte, die der deutsche Sprachschatz dem amerikanischen entlehnt hat, haben die Amerikaner in den letzten Jahren auch einige deutsche Begriffe in ihr Wörterbuch aufgenommen. Sie glitten auf den Bretteln, die für die Wintersportler die Welt bedeuten, in den amerikanischen Sprachschatz hinein. Die Amerikaner, die in Europa, vor allem in Österreich, der Schweiz und Deutschland, den Skisport kennen und lieben lernten, haben etliche Fachausdrücke prompt übernommen. Für die Quintessenz des Skifahrers, nämlich im Schuß zu Tal zu ziehen, haben die Amerikaner ein deutsches Zeitwort geprägt, das es im Deutschen gar nicht gibt, nämlich *schussen*. Von einem der begabtesten Skikanonen der USA, dem blutjungen Bill Kidd aus Stowe in Vermont, – dem ersten Amerikaner, der den europäischen Skistars gefährlich werden konnte, kann man häufig in der Zeitung lesen:

Kidd shusse down in record time – Kidd fuhr im Schuß in Rekordzeit zu Tale. Ein deutsches Zeitwort, das sich ebenfalls in den amerikanischen Sprachrubriken vollends eingebürgert hat, ist

wedeln, das in seiner Urform übernommen wurde. Es bezeichnet bekanntlich die rhythmische Bewegung der Hüften, mit denen der gute Skifahrer mit fast tänzerischer Grazie über den Schneehang gleitet.

Das deutsche Wort »Kitsch«, das im Amerikanischen bisher – den Begriff nicht ganz genau deckend –, mit

rubbish, trash, corn, and tripe, übersetzt wurde, ist in den letzten Jahren in den Kunst- und Theaterberichten Amerikas im Original aufgetaucht. Heute weiß bereits jeder amerikanische Zeitungsleser, was unter

kitsch zu verstehen ist. Als kürzlich ein besonders strenger Theaterkritiker ein Stück als besonders argen Kitsch hinstellen wollte, wählte er als Überschrift seiner Rezension die Zeile:

Kitsch as kitsch can, also eine Analogie zu der Bezeichnung jener Ringkampfart, bei der alle Griffe erlaubt sind, bei der man den Gegner fangen darf, wie immer man ihn bekommt. Diese Sportart heißt bekanntlich

Catch as catch can. Was der Rezensent ausdrücken wollte, das war natürlich: Kitsch wie er nicht kitschiger sein kann!

Wenn man in Deutschland sagen will: »Das können Sie Ihrer Waschfrau (oder Großmutter) erzählen!«, eine Redensart, die in Bayern und Österreich mit »Das können's der Frau Blaschke erzähl'n«, wiedergegeben wird, dann sagt man in Amerika:

»*Tell it to the Marines!*« Wie *the Marines,* die mit besonders schwierigen Aufgaben betraute hart trainierte Spezialgruppe der amerikanischen Streitkräfte, in den Ruf der Gutgläubigkeit gekommen sind, ist noch nicht ergründet worden. Die Redensart ist eine der ältesten im alltäglichen Sprachgebrauch Amerikas. Ebenso unklar ist es, warum lange Unterhosen in Amerika den Spitznamen

long johns bekommen haben. Leichter ist der erst im Zweiten Weltkrieg geborene Ausdruck

brain washing zu erklären. Unter der Gehirnwäsche versteht man die mittels mehr oder weniger sanfter Gewalt, oder mit geheimnisvollen chemischen Mitteln erzielte Gesinnungsbeeinflussung eines Menschen, der meistens nicht im Vollbesitz seiner Bewegungsfreiheit ist. Als Spezialisten in allen Feinheiten der »Gehirnwäsche« gelten das kommunistische Rußland und Rotchina.

In diesem Kapitel über ungewöhnliche Ausdrücke der amerikanischen Umgangssprache darf das Zeitwort

the shoo in nicht fehlen. Es charakterisiert die Leichtigkeit, mit der etwas erreicht wurde. Es wurde ganz widerstandslos erzielt. Nach den jüngsten Wahlen in Frankreich, bei denen de Gaulle keineswegs ohne Schwierigkeiten Sieger blieb, brachten die Zeitungen Amerikas den bezeichnenden Titel:

No shoo-in for de Gaulle: Es war also für de Gaulle durchaus kein Kinderspiel, seine Gegner zu besiegen.

to huff and puff ist eine andere Redensart, der man mit dem Wörterbuch nicht ganz beikommen kann;

to huff means to breathe quick and hard, »to puff« bedeutet schnell und schwer atmen. In ihrer Vereinigung haben die beiden Ausdrücke die Bedeutung von »sich schwer plagen«, furchtbar hart arbeiten, bekommen.

to work like a horse, wie ein Pferd arbeiten, versinnbildlicht ungefähr den gleichen Gedanken wie im Deutschen: schuften.

Wenn der Europäer, selbst jener, der sich schon gründliche Sprachkenntnisse angeeignet hat, in einer amerikanischen Zeitung den Satz liest:

there was much backslapping in the dugout, wird er sich auch mit Hilfe der besten Wörterbücher nicht leicht zurechtfinden.

the back heißt bekanntlich der Rücken.

to slap heißt klapsen, klopfen, schlagen;

backslapping ist das, was man im Deutschen »auf die Schulter klopfen« nennt, also eine anerkennende, freundschaftliche Geste, die dem Beklopften Freude machen soll; ein *backslapper* ist eine plump vertrauliche Person.

A dugout ist ein Unterstand, in einer Sportarena jener eingefriedete Platz, in dem die gerade nicht mitwirkenden Spieler sitzen, um den Kampf zu verfolgen und ihren »Auftritt« abzuwarten. Der obige Satz bedeutet also, daß in jenem Spieler-Unterstand viel Auf-die-Schulter-Klopfen stattgefunden hat. Vermutlich hat sich die betreffende Mannschaft eben sehr gut geschlagen. Die Redensart ist natürlich auch außerhalb des Sportbereiches sehr oft zu hören. In den Gefilden der Politik wird bekanntlich recht viel »Schulter geklopft«, mitunter nicht ganz aufrichtig und mitunter so, daß der Geklopfte auch blaue Flecke davonträgt.

Ein ebenso belobigendes und anerkennendes Zeichen ist

a well-done message – eine »Gut-gemacht«-Botschaft. Wenn eine Aufgabe oder ein Auftrag erfolgreich durchgeführt wurden, erwartet der, welcher die Sache ausgeführt hat, von seinem Vorgesetzten, wenn schon nicht eine Gehaltserhöhung so doch wenigstens *a well-done message,* also eine belobigende Anerkennung, deren kürzeste und allgemein übliche Fassung »Gut gemacht!« – *well done!* lautet.

to teeter ist ein amerikanisches Zeitwort, das mitunter auch mit

to see-saw, to move unsteadily wiedergegeben wird, also schaukeln, wippen, unstet von einer Seite auf die andere schwanken. Sehr häufig ist von

teetering scales die Rede, von Waagschalen, die sich auf und nieder bewegen, ohne daß – im übertragenen Sinne – schon entschieden ist, auf welcher Seite das schwerere Gewicht ruht. Wenn also eine Entscheidung noch ganz unsicher ist, spricht man von

teetering scales.

»Ihnen steht etwas bevor«, ist eine wenig sympathische Prophezeihung, die man in diesem Leben mitunter zu hören bekommt. Will man die Phrase ins Amerikanische übertragen, hat man die Qual der Wahl, denn es gibt mehrere Möglichkeiten, diesen Gedanken auszudrücken:

You are in for something! hat ungefähr denselben kassandrischen Warnungsgehalt. Man kann ebensogut sagen

Something is in store for you – etwas ist für dich auf Lager, offenbar auf dem Lager des Schicksals.

Something is in the offing hat nicht ganz dieselbe, indessen eine sehr ähnliche Beedutung,

something is not very distant, etwas ist nicht mehr sehr ferne. Diese Redewendung stammt aus der Seemannssprache und besagte ursprünglich, daß ein Schiff noch draußen vor dem Hafen ist, sich aber bald dem Ufer nähern wird. Da wir eben von prägnanten Ausdrücken, über das, was einem bevorsteht sprachen, erscheint es auch angebracht, ein *idiom* über das, was einem nachfolgt, zu erwähnen.

The wake ist das Kielwasser, das heißt

the track left by a ship moving in the water, also: die Spur (die Bahn), die ein Schiff zurückläßt, das sich im Wasser fortbewegt. Im übertragenen Sinne:

the wake means the path of anything that has passed, demnach: den Weg (Pfad, Spur) irgendeiner Sache, die vorbeikam.

in the wake of something – im Kielwasser einer Sache, unmittelbar einer Sache folgend, auf dem Fuße folgend. Über den oft gebrauchten Ausdruck

a comeback, wörtlich: ein Zurückkommen, haben wir schon früher gesprochen. Er bedeutet die mehr oder weniger unerwartete Rückkehr eines Politikers, Künstlers, Sportlers, der fast schon vergessen war und plötzlich wieder erfolgreich auftaucht.

a snappy come back ist aber etwas ganz anderes. Nämlich eine schnippische, bissige Erwiderung, also das was man eine »Retourkutsche« nennt. Für diesen Begriff gibt es aber auch noch einen anderen Ausdruck:

a crushing retort und einen noch amerikanischeren, nämlich

a squelch; to squelch besagt zerquetschen, zerschlagen, im Sinne von: über den Mund fahren. Eine ganze Anzahl amerikanischer Zeitungen hat eine ständige Rubrik, die den Titel führt:

The perfect squelch – die vollkommene Retourkutsche. Die Leser werden, durch Geldpreise ermuntert, gebeten von perfekten Retourkutschen zu berichten.

Ein klassisches Beispiel für

a perfect squelch – ist das folgende:

When the famous actress Cornelia Otis Skinner opened in a revival of Bernard Shaw's »Candida« he cabled: »Excellent! Greatest!« – Miss Skinner, overwhelmed, cabled back: »Undeserving such praise«. Shaw answered: »I meant the play!« Miss Skinner bristled and replied: »So did I!« Als die berühmte Schauspielerin Cornelia Otis Skinner in einer Wiederaufführung von Bernard Shaw's »Candida« ein Gastspiel eröffnete, telegrafierte er: »Hervorragend, Grandios!« Fräulein Skinner, überwältigt, telegrafierte zurück: »Solches Lob (ist) unverdient!« Shaw antwortete: »Ich meinte das Stück!« Miss Skinner wurde borstig und erwiderte: »Ich auch!«

Eine ebenso perfekte Retourkutsche, bei der Winston Churchill wie immer die Oberhand behielt, erzählte von einer hochgestellten englischen Dame, der Churchills Ansichten zu revolutionär und fortschrittlich waren. Sie sagte zu ihm: »Wenn Sie mein Mann wären, würde ich Ihnen Gift in den Kaffee geben!« Worauf »Winnie« prompt erwiderte: »Wenn Sie meine Frau wären, würde ich diesen Kaffee auch trinken.«

Bei dieser Gelegenheit sei auch eine geistreiche Definition erwähnt, die über den Begriff Kritiker geprägt wurde. Die deutsche Wendung »keinen Stein auf dem anderen lassen« hat das englische Äquivalent:

He leaves no stone unturned – er läßt keinen Stein unumgedreht, er versucht alles, läßt nichts auf sich beruhen.

»A dramatic critic«, somebody once said, »is a man who leaves no turn unstoned!« »Ein Theaterkritiker«, sagte jemand einmal, »ist ein Mann, der keine Wendung ungesteinigt läßt«, der also alles in Grund und Boden kritisiert ....

Keine Neuigkeit – die Männer sind schlecht!

Daß die Männer schlecht sind, scheint sich in allen Sprachen der Welt herumgesprochen zu haben.

Auch die amerikanische sagt:

Never trust a man! – Vertraue niemals einem Mann, eine vielgebrauchte Wendung, die nahezu sprichwörtliche Geltung bekommen hat.

You can't trust anybody these days – heutzutage kann man niemandem trauen, ist ein Allerwelts-Mißtrauen, dessen Berechtigung allerdings bezweifelt wird. Wir vertrauen unser Leben Lokomotivführern, Flugzeugpiloten und unsere irdischen Güter Banken und Versicherungsgesellschaften an, ohne allzuhäufig Enttäuschungen zu erleben. Ein Hotelmanager, der in allen Teilen der Vereinigten Staaten Erfahrung gesammelt hatte, wurde ersucht, eine Schätzung darüber abzugeben, wieviele seiner Gäste sich als Schwindler erwiesen haben. »O, höchstens ein viertel Prozent!« sagte er. Männer, beziehungsweise Menschen überhaupt, sind also offenbar doch nicht so arg, wie der Sprachgebrauch sie macht.

Noch eine andere Wendung mit dem Wörtchen *never* soll bei dieser Gelegenheit nicht vergessen werden:

Never a dull moment! Niemals ein langweiliger Augenblick! Diese Phrase ist mitunter wörtlich zu nehmen. Sie kann als Anpreisung einer Unterhaltung verwendet werden: »Sie werden keinen langweiligen Moment erleben; die Sache ist von A bis Z amüsant und interessant.« Man wendet den Ausdruck aber auch scherzhaft und ironisch an, wenn man etwa von seiner Familie erzählt und sagt: »*Never a dull moment!*« Damit deutet man an, daß es in diesem häuslichen Kreis niemals langweilig zugeht; es ist immer was los, worunter man auch kleine oder größere Kräche verstehen kann,

»There is never a dull moment«, said one girl to another, »when you are out with Tommy – it lasts the whole evening!« – »Wenn du mit Tommy ausgehst«, sagte ein Mädchen zu einem anderen, »gibt es keinen langweiligen Augenblick – es ist den ganzen Abend langweilig!«

»Sie hat einen grünen Daumen«, wäre die wörtliche Übersetzung einer angelsächsischen Redensart, die behauptet,

she has a green thumb. Man sagt es von einer Person, die sich auf den Umgang mit Pflanzen besonders gut versteht, in deren Obhut Blumen und anderes Grüngewächs besonders gut gedeihen, kurz von einem Menschen, der mit Pflanzen eine glückliche Hand hat. Natürlich gibt es auch viele Männer mit »grünen Daumen«. Es gibt im Menschenleben bekanntlich Augenblicke, in denen er – ihr, oder sie – ihm den Himmel auf Erden verspricht. Solch unüberlegtes

Heaven on earth ist ein fest umrissener, oft angewandter Begriff. Noch phantasievoller ist das folgende Versprechen, das den gleichen Sinn hat:

»He promised me the moon and the earth with a fence around it« – er versprach mir den Mond und die Erde, mit einem Zaun rundherum!

the fence, der Zaun, die Umgrenzung, soll offenbar andeuten, daß dieser »Himmel-auf-Erden-Zustand« ein Dauerzustand sein würde. Vor Versprechungen dieser Art muß gewarnt werden. Die Amerikanerin ist geneigt, ihren Partner ständig daran zu erinnern.

One for the book ist eine Wendung, die etwas Denkwürdiges, Bedeutsames kennzeichnet. Wenn man eine Geschichte erzählt, von der man meint, sie wäre wert, gedruckt zu werden, also in einem Buch verewigt zu werden, dann sagt man:

one for the book. Fast die gleiche Bedeutung hat die ungewöhnliche amerikanische, mitunter auch in England gebräuchliche Redensart,

something to write home about, etwas, worüber man nach Hause schreibt. Demnach etwas, das interessant oder bemerkenswert genug ist, um darüber seinen Angehörigen zu berichten.

Im Deutschen wendet man zuweilen die aus dem Reich der Motoren übernommene Redensart »auf Hochtouren sein« auf Menschen an. Eine ähnliche Bewandtnis hat es mit dem Ausdruck

to be keyed up. Er deutet an, daß jemand gewissermaßen mit einem Schlüssel (the key) »aufgezogen«, auf höchste Leistungsfähigkeit gebracht ist. »Heute ist er wie aufgezogen«, sagt man mitunter ja auch im Deutschen über jemanden, der in besonderer Stimmung ist.

to be keyed up means intensified, increased, bedeutet also intensiviert, erhöht. In der amerikanischen Umgangssprache wird dieser Ausdruck auch verwendet, wenn jemand über etwas in höchste Erregung geraten ist.

He is keyed up about something: Er ist über etwas höchst erregt oder darauf gespannt.

Von Leuten, die hoch hinaus wollen, kann man sagen:

they fly high – sie fliegen hoch, oder:

they reach for the moon – sie greifen, oder sie streben nach dem Mond; auch:

they hitch their wagon to a star – die koppeln ihren Wagen an einen Stern.

In den nächsten Jahrzehnten werden die Phrasen über Hoch- und Mondfliegerei vermutlich von Grund auf umgemodelt werden müssen.

Als die unvergessene Marilyn Monroe auf dem Höhepunkt ihres Ruhmes stand, gab es natürlich etliche Männer, die sie unbedingt heiraten wollten. Ein New Yorker Reporter schrieb darüber eine Glosse und sagte:

There are many gentlemen who want to hitch their wagon to her star! Mit diesem doppelsinnigen Wortspiel sollte natürlich gesagt werden, daß die Männer sowohl ehrgeizig sind, aber auch, daß sie ihren Wagen, das heißt ihr Schicksal, an einen »Star« koppeln wollen.

Und damit wären wir beim Kapitel Wortspiele angelangt, die in der amerikanischen Alltagssprache oft angewendet werden. Philosophen haben zwar behauptet, daß ein Wortspiel,

a pun, zur niedrigsten Kategorie des Witzes gehört. Dennoch kann nicht geleugnet werden, daß Wortspiele sehr geistreich sein können. Sie verlieren in der Übersetzung allerdings fast stets zumeist ihren Witz, denn in einer anderen Sprache hören sie ja auf, ein Wortspiel zu sein.

Hier ist ein kleines Beispiel:

The only voice a wife gives her husband in the buying of her clothes is the invoice! – Die einzige Stimme, die eine Ehefrau ihrem Gatten beim Einkaufen ihrer Kleidung gibt, ist – die Rechnung. In der englischen Sprache ist das Spiel mit den Wörtern *voice* (Stimme) und *invoice* (Rechnung) ein netter Scherz. In der Übersetzung geht die humorige Wirkung naturgemäß verloren. Dasselbe geschieht mit den meisten Wortspielen der englischen Sprache.

A marriage consists of three rings: the engagement ring, the wedding ring and the suffering. Eine Ehe besteht aus drei Ringen: dem Verlobungsring, dem Ehering und dem Leiden oder Erdulden *(suffering).*

to suffer heißt leiden, erdulden;

the suffering – das Leiden, das Dulden. Die Tatsache, daß das Wort mit der Silbe-*ring* endet, ermöglicht das Wortspiel, das die alte Weisheit aussagen will, nämlich daß eine Ehe aus dem Verlobungsring und dem Ehering und dem, was man in der Ehe »mitzumachen hat« besteht.

Mit einer Sache gründlich aufräumen, das kann man auch auf englisch. Man sagt:

To make a clean sweep of something, which means to get rid of or dispose of everything concerned – wörtlich: ein sauberes Fegen machen, also reinen Tisch machen, bedeutet alles damit Verbundene loszuwerden oder zu beseitigen.

The new manager is going to make a clean sweep of the old staff

– der neue Manager wird mit der alten Belegschaft gründlich aufräumen, das heißt er wird sie ganz und gar beseitigen.

to knock heißt bekanntlich klopfen, schlagen; aber es bedeutet auch an jemanden ständig etwas aussetzen, »auf ihn losgehen«.

»I am not knocking doctors«, Bob Hope said recently. »If you are not feeling well, you should see one, because he must live. And when the doctor gives you a prescription, have it filled, because the druggist must live. But when you get the medicine, don't take it, because you must live too!« »Ich will ja nichts gegen die Ärzte sagen«, [ich will nicht auf die Ärzte losgehen], sagte kürzlich Bob Hope. »Wenn man sich nicht wohl fühlt, sollte man einen [Doktor] sehen [also ihn aufsuchen], denn er muß ja von etwas leben. Und wenn dir der Arzt ein Rezept gibt, laß es machen *(have it filled)*, denn der Apotheker muß auch leben. Aber wenn du die Medizin dann bekommst, nimm sie ja nicht! Denn du mußt ja auch leben!«

Das im Deutschen oft verwendete Fremdwort »Argument« hat im Englischen auch andere Bedeutungen.

The argument ist wohl der Beweis, der Rechtsgrund, aber es bedeutet auch die Streitfrage und schließlich den Streit.

to argue heißt erörtern, beweisen, einwenden, aber auch streiten. In der letzten Bedeutung wird es am häufigsten gebraucht.

What is the argument? – Was ist die Streitfrage, worüber wird gestritten?

I don't want to argue – ich will nicht streiten.

In einem Rundfunkinterview wurden diese Bedeutungen kürzlich recht gut illustriert. Der Rundfunksprecher hatte eine Ehefrau als Gast vor dem Mikrophon.

»Do you and your husband ever have any arguments?« The answer was: »No, we don't have anything to argue about.« – »Well«, said the M. C., »maybe you are just not meant for each other!«

– »Haben Sie und Ihr Mann jemals irgendwelche Auseinandersetzungen?« Die Antwort war: »Nein. Es gibt nichts [wir haben nichts], worüber wir streiten könnten.« – »Nun«, sagte der Interviewer, »mag sein, daß Sie nun einmal nicht für einander geschaffen sind!«

»M. C.« ist die Abkürzung für *Master of Ceremonies*, also Zeremonienmeister, Ansager, Conférencier.

What is Status? Was ist »Status«?

Status, according to the dictionary, means rank, position. But its second meaning is the state of affairs. »Status« bedeutet, dem Wörterbuch zufolge Rang, Position. Doch seine zweite Bedeutung ist: Stand der Angelegenheiten, allgemeine Situation.

In seiner ersten Bedeutung wird das Wort heute in Amerika weit häufiger verwendet, als in früheren Jahren. Jeder Amerikaner (und noch mehr seine Gattin) will heute »Status« haben, das heißt Rang und Position erreichen, die sofort jedermann sichtbar werden sollen. Deshalb strebt jeder und jede nach einem

status symbol, einem äußerlichen Sinnbild dieser gehobenen Position. In einem Cadillac herumzugondeln, womöglich gar in einem mit Chauffeur, das gilt als *status symbol.* Andere begnügen sich mit einem Landhaus in Palm Beach oder damit, die Gattin mit kostbaren Juwelen zu behängen, auf daß sie glitzere wie ein besserer Christbaum.

Eine neue Monatszeitschrift für die vornehme Welt hat sich gerade in diesen Tagen den Titel »Status« gegeben. Womit dieses Kapitel über prägnante Ausdrücke und ungewöhnliche Definition der Begriffe »Charme« und »Schönheit« beschlossen sei:

A beautiful women is one I notice. A charming women is one who notices me! Eine schöne Frau ist eine, die ich bemerke. Eine charmante Frau ist eine, die mich bemerkt!

Amerika – das Land der »Abmagerer«

Schlank zu werden ist nicht schwer,
Schlank zu bleiben aber sehr.

Mit dieser freizügigen Variation des guten alten Wilhelm Busch könnte man ein Phänomen zusammenfassen, dessen sich Amerika erst kürzlich bewußt geworden ist. Die gigantische Abmagerungswelle, die durch die Vereinigten Staaten geht, hat natürlich auch sprachlich ihren Niederschlag gefunden. Deshalb sei sie hier in einigen ihrer markantesten Aspekten festgehalten. Die prominenteste Prägung, die da entstand, ist das spaßhafte Wort:

Girth-Control, ein Ausdruck, der im Anklang an die bekannte *Birth-Control* – Geburtenkontrolle, geprägt wurde. Wollte man versuchen, die wortspielerische Neuschöpfung ins Deutsche zu übertragen, müßte man von einer Gurtkontrolle sprechen!

The girth ist der Sattelgurt, aber auch der Umfang.

Amerika will unbedingt abmagern! Und zwar mit allen Mitteln. Vor allem mit Hilfe der

Airforce Diet, (Diät der Luftwaffe), mit der

The Drinking Man's Diet, der Diät des trinkenden Mannes, mit der

Metrecal Diet, der Diät des (flüssig oder in Keksform genossenen) Ernährungsmittels Metrecal, mit der

Meat and Mushroom Diet, der Fleisch und Pilz-Diät, mit der

Mother and Daughter Diet, der Mutter und Tochter-Diät, mit dem System:

Calories don't count! Kalorien zählen nicht!, mit der

Apple Diet, der Apfel-Diät, der

Banana and Skim-Milk Diet, der Bananen- und Magermilch-Diät, mit der

Grape Diet, der Trauben-Diät, mit der

Eat-All-You-Want Diet, mit der Iß-alles-was-du-willst-Diät, mit der

Eat-more-weight-less Diet, Iß mehr und wiege weniger-Diät, und nach der Methode:

How to diet and have no character at all!

Das ist nur ein knappes Dutzend von jenen tausend Wegen, die Amerika eingeschlagen hat, um abzunehmen, von jenen tausend Wegen, von denen immer wieder abgewichen wird. Das genial-primitive Abmagerungssystem, das vor vielen Jahren ein Wiener Arzt, Prof. Dr. Glass, mit derber Direktheit FDH genannt hat (»Friß die Hälfte«), hat im Abmagerungstaumel Amerikas keine Geltung gefunden.

A new dimension has been added to the American dream. It is the yearning to be thin! Der amerikanische Traum hat eine neue Dimension bekommen. Es ist die leidenschaftliche Sehnsucht, schlank zu sein! So lauten die ersten zwei Sätze eines kürzlich erschienen Buches, das den Titel führt:

»The Overweight Society« – Die übergewichtige Gesellschaft, und das Peter Wyden zum Verfasser hat, einen hochbegabten, aus Deutschland stammenden jungen Journalisten, der heute mit knapp vierzig Jahren leitender Redakteur der großen Zeitschrift ›Ladies Home Journal‹ geworden ist. In diesem Buch wird auf Grund gründlicher Recherchen zum ersten Mal enthüllt, daß nicht weniger als 52 Millionen Amerikaner ein kalorienbewußtes Dasein führen, daß an die 10 Millionen ständig auf irgendeine Abmagerungs-Diät gesetzt sind, daß 16 Millionen unausgesetzt ihr Gewicht beobachten und daß weitere 26 Millionen im Begriffe sind, »demnächst« mit einer Schlankheitskur zu beginnen! Die Tatsache, schlank zu sein, bedeutet für den Amerikaner, und noch mehr für die Amerikanerin, die große Sehnsuchtserfüllung, jung, gesund und mehr oder weniger schön zu bleiben und in den allbedeutsam gewordenen Gefilden des Sex seinen Mann bzw. seine Frau zu stehen! Aber – so schreibt Wyden in seinem hochinteressanten Buch,

the road to trimness is paved with good intentions and bad results! – Der Weg zur Schlankheit ist mit guten Vorsätzen und schlechten Ergebnissen gepflastert.

Warum? Weil die Millionen, die »auf« eine Diät gesetzt sind, immer wieder von dieser herunterstolpern, weil sie sich tausendfach selbst täuschen und in ihrer blinden Schlankheitsleidenschaft mitunter auch falsche Götter anbeten, die weniger den Pfundverlust ihrer Anbeter als den Dollargewinn des eigenen Bankkontos im Auge haben. Der Umfang dieses neuen Phänomens, seine Wirkung auf die Milliardenindustrie der Nahrungsmittel-Erzeuger sind verblüffend. Jahrtausende hindurch haben die Menschen um ihr tägliches Brot gebetet, um ihren Hunger zu stillen, haben gemordet und Kriege geführt.

Now there is abundance but it turned out to be no blessing, heißt es in dem oben erwähnten Buch: »Nun herrscht Überfluß, aber er erwies sich nicht als Segen.« 58 Prozent aller Amerikaner sind zu fett und der Satz:

No, thank you, I am on a diet, ist, wo immer jemandem Speis' oder

Trank angeboten wird, zum geflügelten Wort geworden. Mehr als das Wetter, ja sogar mehr als Sex – und das will im heutigen Amerika schon etwas bedeuten – ist die Abmagerung zum

Conversation piece, zum Gesprächsstoff, geworden.

Die Abmagerungsmethoden, die in Amerika im Laufe der letzten Jahre ge- und erfunden wurden, haben alle denselben »Haken«: Man kann mit ihnen magerer werden, aber magerer bleiben kann man mit ihnen nicht! Das Schlagwort der amerikanischen Schlankheitsträumer heißt:

Take it off and keep it off – nimm es (das Übergewicht) ab und sieh zu, daß du es weiter von dir ferne hältst. Das ist bisher nirgends und niemandem gelungen. In den medizinischen Journalen wird dieses

on again, off again dieting, dieses Diät-halten und wieder davon abweichen, immer wieder diskutiert. Auch Wyden spricht von

the rhythm method of girth control, also dem Rhythmus der Gurtkontrolle.

Gewichtsverluste und Gewichtszunahmen berühmter Leute wurden und werden in den Zeitungen zitiert wie Börsenkurse. Amerikas Liebling Judy Garland hat ihr Gewicht bis auf 98 Pfund heruntergebracht. Aber dann wurde sie wieder schwach, d. h. sehr stark und mußte mit ihren Kuren von Neuem beginnen. In den Klatschspalten der Zeitungen wurde gewissenhaft vermerkt, daß der Schauspieler-Autor Peter Ustinov 20 Pfund (und seinen Bart) verloren habe. Die krassen Schwankungen zwischen Übergewicht und strengster Enthaltsamkeit haben mitunter zu tragischen Resultaten geführt. Mario Lanza, der amerikanische Caruso, der sich mitunter an einem Omelette aus 23 Eiern ergötzte, ist von seinen 270 Pfund streckenweise 100 Pfund losgeworden. Er starb mit 38 Jahren an einem Herzschlag.

Der übergewichtigen Gesellschaft von heute fällt es auch deshalb schwer, ihr Übergewicht loszuwerden, weil unser ach so bequemes Zeitalter jede körperliche Anstrengung nahezu völlig unnötig macht. Die gesamte »Overweight Society« scheint sich wissentlich oder unwissentlich auf den Standpunkt Mark Twains geeinigt zu haben, der einmal sagte:

Whenever I feel like exercising I lie down until the feeling has passed. Wann immer mir nach körperlichen Übungen zumute ist, lege ich mich hin, bis das Gefühl vorübergegangen ist.

A further reason for the prevailing abhorrence of physical exertion is the widely cherished myth that exercise makes people »work up an appetite«. – Ein weiterer Grund für die vorherrschende Abneigung gegen körperliche Tätigkeit ist der allgemein verbreitete Mythos, daß Leibesübungen bei den Leuten den Appetit anregen. Und mehr Appetit veranlaßt sie, mehr zu essen – deshalb lieber im Auto fahren, statt gehen; lieber mit dem Personenaufzug hinauf, als über die Treppen!

Ein optimistischer Wissenschaftler Amerikas hat das Übel der Fettleibigkeit an der Wurzel packen wollen. Er hat die Spitzen der amerikanischen Lebensmittelindustrie um sich versammelt und ihnen den Vorschlag unterbreitet, bei der Bevölkerung mit einem gigantischen Propagandafeldzug einzusetzen, der das Losungswort haben sollte:

Eat less! – Eßt weniger!

»Wir sollen unseren Kunden vorschlagen, uns weniger abzukaufen«, riefen die entsetzten Industriellen.

»Ihr werdet dabei das bessere Geschäft machen«, entgegnete Dr. Frederick Stare von der Havard-Universität. »Denn der Mensch, der weniger ißt, wird länger leben. Er wird euch also *à la longue* mehr zu verdienen geben als der Fette!«

Die Nahrungsmittelfachleute ließen sich nicht überzeugen. Sie halten offenbar nicht viel von Zukunftsprofiten. Sie sind mehr für die Gegenwart. Ist also

»Girth Control« zum Scheitern verurteilt?

Vielleicht doch nicht so ganz. Eine einzige Sorte von »Abmagerern« hat bisher Dauererfolge aufzuweisen. Sie nennt sich

TOPS, eine Abkürzung für

Take Off Pounds Sensibly: Nehmt Pfunde ab – auf vernünftige Weise! Das Wort

TOPS ging den Leuten gleich ins Ohr, denn es war ein bereits existierendes Slangwort, das in Verballhornung des Wortes

top – Spitze, höchstes Niveau, gebildet worden war.

Something is tops sagt der Amerikaner, wenn er ausdrücken will, daß etwas höchste Klasse, besten Wert darstellt.

Die Wendung hat sogar schon in die amerikanische Zeitungssprache ihren Eingang gefunden.

Tops sind auch *Leute*, von denen man spricht. Das neue Unternehmen, durchweg mit großen Anfangsbuchstaben geschrieben, hat eine groteske Geschichte.

TOPS sind sozusagen private Abmagerungs*klubs*. In diesen Klubs hat sich gezeigt, daß man leichter abmagert, wenn man – gemeinsam abmagert. Bei den Vereinszusammenkünften – fast in allen Teilen Amerika haben sich Frauen zu kleineren Vereinszweigstellen zusammengetan – hört man Vorträge von Ärzten oder anderen Fachleuten an. Dann tauscht man seine Diäterfahrungen aus, worauf der Höhepunkt des Abends folgt: die einzelnen Mitglieder steigen sozusagen offiziell auf die Waage und ihr Gewicht wird ins Hauptbuch des Vereines eingetragen. Jede der Damen hat natürlich den Ehrgeiz, zum nächsten Klubabend ein paar Pfunde weniger mitzubringen. Und dieser Ehrgeiz wirkt Wunder. Diese Gruppentherapie der Abmagerung kann auf ungewöhnliche Resultate verweisen. Laut offiziellem Bericht haben

die 70000 Mitglieder von »TOPS« im letzten Jahr insgesamt 374000 Pfund abgenommen!

TOPS is a non-profit organisation. Its annual budget is 162 000 Dollar. It has a paid staff of twenty-five and prints its own monthly magazine, TOPS-News.

»TOPS« ist eine gemeinnützige Organisation. Ihr jährliches Budget beträgt 162000 Dollar. Sie hat einen Angestelltenstab von 25 bezahlten Kräften und druckt ihre eigene Monatszeitschrift, betitelt: TOPS-Nachrichten.

Die Therapie der TOPS-Organisation ist im Leitfaden des Klubs in die Worte zusammengefaßt:

What it amounts to is organized will power, sugar-coated with fun and relaxation and packed in mutual understanding and common-sense. – Worauf es hinausläuft, ist organisierte Willenskraft, versüßt durch Spaß und Entspannung und verpackt in gegenseitiges Verständnis für alle menschlichen Schwächen und viel gesunden Menschenverstand.

Mitglieder, die ihr Gewicht auf den vom Arzt vorgeschriebenen Stand heruntergebracht haben, werden zu Ehrenmitgliedern ernannt, die

KOPS genannt werden, eine Abkürzung von

Keep Off Pounds Sensibly, also: »Haltet Pfunde auf vernünftige Weise fern.« Aber Mitglieder, die gesündigt, das heißt zugenommen haben, werden gerügt, sie bekommen eine Strafkarte, die sie vom Gatten unterschreiben lassen müssen! Die Abmagerungsvereine haben ihre eigenen »Bowling« und Radfahr-Abteilungen, und jeden Monat gibt es lustige Veranstaltungen, bei denen die

TOPS Stripteasers auftreten, eine Amateur-Tanztruppe, die aus den

good loosers, den guten Verlierern, zusammengestellt ist. Der Ausdruck

good looser charakterisiert sonst einen Menschen, der genügend Charakterstärke und Individualität besitzt, um auch einen Verlust, eine Niederlage würdig hinnehmen zu können. Auf dem Gebiet der Abmagerung aber hat die Bezeichnung *good loser* eine andere Bedeutung bekommen, nämlich es kennzeichnet je-

manden, der gut Gewicht zu verlieren pflegt. Nun,
the good loosers, die an den TOPS-Abenden zum spaßhaften Entkleidungs-Tanz antreten, kommen in den Kleidern heraus, die sie *vor* ihrer Abmagerung getragen haben, werfen diese Stück für Stück ab, bis sie in jener Gewandung dastehen, die sie heute tragen! Also Striptease in neuem Gewande!
TOPS hat auch männliche Mitglieder, die Weiblichkeit ist jedoch stark in der Majorität. Alljährlich werden
TOPS-Queens and TOPS-Kings, die TOPS-Königin und der TOPS-König gewählt, jene Mitglieder, die im vergangenen Jahr die meisten Pfunde von sich geschüttelt haben.
TOPS hat natürlich auch Nachahmer gefunden. Andere Abmagerungsklubs wurden gegründet, doch nicht alle waren so straff organisiert wie das Vorbild. Von einem Schlankheitsverein, der sich
Calories Collectors – Kaloriensammler nannte, wird erzählt, daß seine Präsidentin Feste gab, bei denen nicht gegessen, sondern gefressen wurde. Aber die Präsidentin hatte doch ihr Ziel erreicht. Sie konnte in einer Fernsehschau auftreten und hatte mehr *publicity* als sie sich jemals erträumt hatte.
Ein prominentes Mitglied der amerikanischen Ärztevereinigung äußerte sich über die Abmagerungswelle Amerikas mehr als pessimistisch. Sie muß solange erfolglos bleiben, solange die Menschen von heute der Verlockung des guten Essens nicht widerstehen können. Und sie können ihr nicht widerstehen, weil Luxus und Überfluß für uns noch zu neu sind. Es muß sich einmal eine Generation gründlich überfressen, dann erst wird sich eine vernünftige Ernährung allgemein durchsetzen.
Jene Generation nun, die sich überfressen muß, das sind wir ...

»Zum Tangotanzen gehören zwei« und andere alltägliche Redensarten

Ganz einfache deutsche Sätze können beim Übersetzen ins Englische unerwartete Schwierigkeiten machen. Die deutsche Wendung »dazu gehören zwei«, heißt auf amerikanisch:

it takes two – wörtlich: es nimmt zwei. Es gehören zwei dazu, um zu streiten, lautet auf englisch:

it takes two to quarrel. Wenn der Amerikaner allgemein ausdrükken will: »Da gehören zwei dazu«, sagt er meistens

it takes two to tango, also: Zum Tangotanzen gehören zwei. Einer allein kann nicht gut Tango tanzen. Es gehören aber auch zwei dazu, sich wieder zu versöhnen: *it takes two to make-up.* »Das wird dich für eine Weile verhindern, Unfug anzustellen«, sagt man dem lieben Söhnchen, dem man eine Aufgabe gibt. Und wenn man es, diplomatischerweise, nicht sagt, dann denkt man sich's. Aus diesem Satz ist eine amerikanische Redewendung geworden, die auch Erwachsenen gegenüber Anwendung findet. Man pflegt zu sagen:

That will keep you out of mischief for a while. Chefs und Vorgesetzte haben, wenn sie jemandem eine besonders langwierige Aufgabe stellen, mitunter den grimmigen Humor, diese Redensart anzuwenden.

Everything but the kitchen sink – alles bis auf den Küchenausguß, ist eine sehr populäre, scherzhaft-burschikose Wendung, die Überladenheit kennzeichnen soll. Von einer Dame, die über und über mit Schmuck behängt ist, könnte man sagen: sie hat sich heute auch alles umgehängt:

everything but the kitchen sink!

The kitchen sink ist der Spülstein, der Abwaschtisch, die Stelle, wo man das Geschirr abwäscht und wo das Wasser abläuft. Wenn zwei Eheleute miteinander auf die Reise gehen und die Gattin nicht genug Kleider einpacken kann, wird der Ehemann vermutlich auch nicht die Bemerkung unterdrücken können: »Du nimmst alles mit, bis – auf den Abwaschtisch.«

You take everything but the kitchen-sink.

»Diesmal habe ich es dir nachgemacht«, habe ich dich imitiert, heißt in einer englischen Redensart:

This time I took a leaf out of your book oder
this time I took a page out of your book – Diesmal habe ich ein Blatt (oder eine Seite) aus deinem Buch genommen.

I didn't cut much ice with him; wörtlich: ich habe bei ihm nicht viel Eis durchschnitten, bedeutet: ich habe auf ihn nicht viel Eindruck gemacht, ich habe bei ihm nicht viel ausgerichtet.

To put oneself out on a limb – sich selbst auf einen Ast aussetzen, sich also in eine höchst prekäre Position, auf höchst unsicheren Grund begeben.

The limbs sind eigentlich die Glieder, aber auch die Gliedmaßen der Bäume, demnach die Äste.

Im Deutschen kauft man mitunter die Katze im Sack, im Englischen kauft man das Schwein im Beutel.

Pig in a poke, lautet die Redensart, die denselben Begriff wiedergibt;

The poke ist die Tasche, der Beutel, aber
a slow-poke oder *a slow-coach* (langsame Kutsche) ist einer, der in allem, was er tut, langweilig herumbrodelt, einer, der eine Tranfunzel ist.

to be slow in the uptake, bedeutet langsam im Aufnehmen sein, das heißt: schwer von Begriff.

He is slow in the uptake hieße also deutsch: Er hat eine lange Leitung. Solche Leute kommen häufiger als andere in die prekäre Lage zugeben zu müssen, daß sie mit ihrem Latein am Ende sind.

I am at my wit's end – heißt das auf amerikanisch. Ich bin mit meiner Weisheit zu Ende.

Mitunter passiert es, daß einem das rechte Wort nicht einfällt, wobei man aber das Gefühl hat, nahe daran zu sein, es zu finden. Im Deutschen sagt man dann: »Es liegt mir auf der Zunge«, eine Redensart, die es auch in Amerika und England gibt:

It is on the tip of my tongue – es ist auf der Spitze meiner Zunge.

Jemanden zu etwas überreden, das heißt solange auf ihn einreden, bis er tut, was man will, heißt:

to talk somebody into something, ein *idiom,* das dem Autor dieses Buches schon deshalb sehr geläufig ist, weil seine Gattin auf diesem Gebiet Spezialistin ist.

Auch die Wendung: jemandem mit gleicher Münze heimzahlen kommt vollkommen gleichlautend im englischen Sprachgebrauch vor:

I paid him back in his own coin.

Sie scherzen wohl? Sie wollen mich wohl hochnehmen?, heißt:

Are you kidding? Das Zeitwort *to kid* ist vom Hauptwort

the kid – das Zicklein, abgeleitet;

to kid bedeutet also, jemanden als unmündig behandeln, ihn nekken, ihn anführen.

Für das deutsche Wörtchen »ebenfalls« geben die Wörterbücher die englischen Ausdrücke:

likewise, as well, also, too an. Wenn einem aber ein freundlicher Wunsch ausgedrückt wird, etwa »Guten Appetit wünsche ich« und man will die Antwort geben: »Gleichfalls«, dann wird man auf englisch meistens sagen:

the same to you, wörtlich: Ihnen dasselbe, dasselbe wünsche ich Ihnen. Wenn einem jemand »gute Unterhaltung« wünscht, auf englisch:

Have a nice time (»haben Sie eine nette Zeit«), dann lautet die entsprechende Antwort, nämlich: »Gleichfalls«.

Likewise, oder: *the same to you!*

Von jemandem, der den Mund voll nimmt, sagt man auf englisch:

he talks big – er spricht groß. Die Wendung »Gesagt – getan!« lautet:

No sooner said than done – kaum gesagt, bereits getan.

What's the matter with you? Das ist eine Frage, die man in der alltäglichen, nicht sehr bedeutsamen Konversation, die man bekanntlich

small talk, wörtlich kleines Geschwätz nennt, häufig hören kann.

What is the matter with you? besagt nichts anderes als: Was ist los mit dir?

To call a spade a spade – einen Spaten einen Spaten nennen, hat die Bedeutung von: das Kind beim richtigen Namen nennen.

I'll give him a piece of my mind – ich werde ihm ein Stück meiner Gedanken, meines Urteils geben heißt: ich werde ihm meine Meinung sagen.

Im Deutschen zieht man sich eine Erkältung zu, im Englischen fängt man sie und erklärt:

I have caught a cold; to catch: fangen, erhaschen; *I have caught:* Ich habe gefangen.

A narrow escape, mit knapper Not davonkommen, ist ein Begriff, der noch volkstümlicher mit

a close shave ausgedrückt wird; *close* heißt eng, nahe; *to shave* heißt rasieren. Das Wortbild sieht hier das scharfe Rasiermesser, ganz nahe, dicht herankommen. Es hätte nicht viel gefehlt und das Messer hätte in die Haut geschnitten. Das heißt: das Entkommen wäre mißglückt. So kam die »knappe Rasur« zur Bedeutung von knapp davonkommen.

»Laß dir Zeit!« heißt:

Take your time, also: nimm deine Zeit.

Der simple Satz: »Dieser Hut steht dir gut« (im Eheleben mitunter von elementarer Bedeutung) lautet auf englisch:

This hat becomes you. Das Zeitwort

to become verführt dazu, mit »bekommen« übersetzt zu werden. Aber es bedeutet werden, oder auch anstehen, kleiden.

We became great friends – wir wurden gute Freunde. Die tückische Ähnlichkeit mit dem deutschen »bekommen«, wird aus einer kleinen Geschichte deutlich, die einem Neuankömmling in New York passierte. Er hatte in einem Restaurant ein Beefsteak bestellt und rief, als dieses lange Zeit nicht serviert wurde, der Kellnerin ungeduldig zu:

»When will I become a beefsteak?« – »I hope never!« gab die Kellnerin zur Antwort. Was das *greenhorn* gefragt hatte, bedeutete nämlich: Wann werde ich ein Beefsteak? (Wann wird aus mir ein Beefsteak?) Und die Kellnerin erwiderte menschenfreundlich: »Ich hoffe, niemals!«

Womit diese kleine Sammlung alltäglicher Redensarten, die zu dicken Bänden erweitert werden könnte, für diesmal abgeschlossen sei.

Ein Blick in die Zeitung

»Who said a good newspaper has to be dull?!« »Wer hat gesagt (behauptet), eine gute Zeitung müsse langweilig sein?!«
Als die »New York Herald Tribune« vor einiger Zeit daranging, sich von Grund auf zu modernisieren, hat sie den obigen Satz in Anzeigen und auf Plakaten in alle Welt posaunt. Eingeweihte wollen in diesem Schlagwort vielleicht auch einen kleinen Seitenhieb gegen die mächtige Konkurrenz, gegen die »New York Times«, vermutet haben, die wohl als die bestinformierte und bestinformierende Tageszeitung der Welt gilt, von der aber auch ihre leidenschaftlichsten Anhänger nicht behaupten können, daß sie an Humor übersprudele.

All the News that's fit to print – alle Neuigkeiten, die zum Abdruck geeignet sind, ist der Leitspruch dieses seriösen Weltblattes, das keine Klaschspalte kennt und niemals in die Intimsphäre noch so Prominenter eindringen wird. Auch die »Herald Tribune« hat den Ehrgeiz, seriös zu sein. Sie will aber gleichzeitig amüsant und springlebendig wirken und hat deshalb ihren Inhalt journalistisch wie typographisch aufgelockert, so daß sie mitunter eher den Eindruck einer Tageszeitschrift macht, als den einer Tageszeitung früheren Stiles.
Es gibt Tageszeitungen in Amerika, die auch der geborene Amerikaner nicht leicht verstehen kann, wenn er nicht zu dem Fach gehört, dem sich das betreffende Blatt verschrieben hat. Da ist vor allem die tägliche Bibel der Film-, Theater- und Artistenwelt, das Blatt, das sich *»Daily Variety«* nennt, und das – man darf fast sagen – seine eigene Sprache spricht.
Ein Film, auf englisch *picture,* wird da nur *pix* genannt, das *Show-Business* heißt dort *»Show-Biz«* um nur zwei kühne Prägungen zu erwähnen, von denen das Blatt wimmelt. Nicht viel anders steht es um die große Tageszeitung der Damenkonfektion, *»Women's Wear Daily«,* in dessen Inhalt sich nur der Fachmann ohne Schwierigkeiten zurechtfinden kann.

to wear heißt tragen, im Sinne von Kleid, Haar, Parfüm, Namen, Waffen tragen.

What shall I wear? – »Was soll ich anziehen?« lautet die ewige Frage der holden Weiblichkeit, wenn sie frühmorgens vor den Spiegel tritt, (was sie bekanntlich nicht nur frühmorgens tut).

to wear heißt aber auch sich tragen, abtragen, abnutzen, verbrauchen.

It wears well, – es trägt sich gut, erweist sich als haltbar.

The wear ist die Kleidung, das Tragen, die Tracht. Unter

wear and tear hat man die natürliche Abkürzung, den Verschleiß zu verstehen.

Good for everyday wear bedeutet: gut genug für den Alltag, den Wochentag.

Die Tatsache, daß das Fachblatt der Damenoberbekleidung und jenes des »Schau-Geschäftes« täglich und zwar in beträchtlicher Auflage erscheinen, ist bezeichnend für die Reichweite dieser beiden Wirtschaftsgebiete in Amerika.

Ein Blick in die Zeitung ist nicht nur sprachlich interessant. Der Autor will nun gemeinsam mit dem lieben Leser (und der mindestens ebenso lieben Leserin) eine amerikanische Tageszeitung durchblättern und nimmt zu diesem Zweck ein Exemplar der oben erwähnten »New York Herald Tribune« zur Hand. Es stammt aus dem Februar 1966. Das Exemplar einer Zeitung ist

the copy of a newspaper. Die Ausgabe einer Zeitung aber heißt

the issue. Jede Ausgabe kann in mehreren Auflagen,

the edition, erscheinen. Man spricht etwa von einer

first edition, second edition, late edition, oder *late-night edition,* also einer ersten, zweiten, späten oder Spät-Nacht-Ausgabe. Die wichtigsten Nachrichten und Beiträge einer Ausgabe sind natürlich in allen Auflagen enthalten. Aber die weniger wichtigen werden zugunsten neuerer Nachrichten in den späteren Ausgaben weggelassen.

Auf ihrer ersten Seite bringt die »Herald Tribune« unter ihrem Namen die stolze Zeile:

»*Established 125 years ago*« – gegründet vor 125 Jahren – und dazu den Vermerk:

»*A European Edition is published daily in Paris* – eine europäische Auflage erscheint täglich in Paris.

Die erste Seite ist in großer, lebhafter, man darf fast sagen fröhlicher Aufmachung von den mit Fotos illustrierten Berichten über die wichtigsten Tagesereignisse erfüllt.

Sie müssen keineswegs immer aus der großen Weltpolitik kommen. Es liegt im routinierten Auge des Chefredakteurs, was er als Schlagzeilenmaterial betrachtet. Mitunter avancieren auch Sport- und Kunstgeschehen oder ein besondes interessanter Prozeß auf die erste Seite. In der Plazierung und in der Überschrift

the headline – der »Kopfzeile«, drückt die Zeitung die Bedeutung aus, die sie einem Ereignis beimißt. Die »New York Times« ist, (grammatikalisch richtig müßte man allerdings sagen: »die New York Times *sind*«, denn »Times« ist ein Plural) in diesem Punkt besonders penibel. Sie wird ihre erste Seite niemals durch Nachrichten entweihen, die der Sensationslüsternheit des Lesers Rechnung tragen könnten. Unter Journalisten wurde einmal in New York das neckische Rätselspiel gespielt: Wo und mit welcher Überschrift würde die »Times« die Nachricht bringen, daß ein bekannter Abgeordneter mit einer Prostituierten in einem Stundenhotel tot aufgefunden wurde? Den ersten Preis gewann ein Kollege, der unter allgemeiner Heiterkeit erklärte: »Die Times würde diese Sensation auf Seite 28, links unten, in kleinem Druck veröffentlichen und darüber den Titel setzen: »Aus der Politik«. Womit die Seriosität der »Times« zwar verhohnepiepelt, aber doch respektvoll anerkannt werden sollte.

Zurück zur »Herald Tribune«, die an diesem Tage, wie an jedem, neben ihrem Namen klein aber deutlich, unter der Überschrift

Weather die Wettervorhersage für heute und morgen abdruckt. Die fette Schlagzeile, die, ebenfalls wie fast täglich, über die ganze Seitenbreite läuft, lautete diesmal:

Narrow U. S. Victory for Viet Debate – ein knapper Sieg Amerikas für eine Debatte (in den Vereinten Nationen) über das Problem Vietnam.

Darunter ist ein Kriegsbericht aus Vietnam zu lesen:

B 52's Bomb – but the Cong elude the Blow – die B 52 Flugzeuge bombardierten, aber Vietcong konnte dem Schlag entgehen. Aus dieser *headline* geht hervor, daß die »Herald Tribune«, wie übrigens fast alle Zeitungen Amerikas, unparteiisch und ungefärbt zu berichten pflegt. Völlige Objektivität geht auch aus der Tatsache hervor, daß die Zeitung auf ihrer ersten Seite unter dem Titel:

Soviet's Rosy Economy: up 7% in 65, They Say. »Sowjets' rosenfarbige (d. h. hoffnungsvolle) Wirtschaft: um 7 Prozent besser als 1965«. Freilich kann sich das amerikanische Blatt nicht versagen, hinzuzufügen: *they say* – behaupten sie!

How to get rich – get in Housing – wie man reich wird – indem man in Häuserbau spekuliert. So ist ein Bericht über eine Skandalaffäre unter New Yorker Stadtpolitikern überschrieben.

»Johnson on Auto Safety – Kennedy hits Industry« erzählt davon, daß Präsident Johnson Kongressmaßnahmen gegen die überhandnehmenden Autounfälle (pro Jahr 49000 Tote, dreieinhalb Millionen Verletzte und acht Millionen Dollar Sachschaden!) vorschlägt. Und Senator Kennedy »trifft« die Autoindustrie, der er vorwirft, daß sie lieber

flashy cars, auffallende Wagen herstelle, statt dem Sicherheitsmoment mehr Obsorge zu widmen.

President asks 524 Million Dollar – lautet eine andere Titelseite. Lyndon B. Johnson will vom Kongress für eine seiner großzügigen Aktionen wieder einmal eine großzügige Summe. Der Leser liest es in dankbarer Anerkennung der Rührigkeit seines Staatsoberhauptes. Aber auch mit einem leisen Seufzer, weil er dabei schon an den nächsten Steuertermin denkt.

»In the News this morning« heißt eine kurze Zusammenfassung aller wichtigen Neuigkeiten des Tages, die es dem Leser auf Seite 2 sozusagen auf einen Blick ermöglicht, das Wichtigste zu erfahren. Zur ausführlicheren Lektüre mag er sich dann später Zeit nehmen. Diese Summierung,

Summary, ist in Unterabteilungen gegliedert:

The World – Nachrichten aus aller Welt, ferner

The Nation – Nachrichten, die die amerikanische Nation betreffen

The Area – New Yorker Lokalnachrichten

Business – Geschäfts-, also Wirtschaftsnachrichten – Börsenkurse – und

Sports – das Wichtigste auf dem Gebiet des Sports.

People in the News, Leute die »*in the News*« sind, gemeint sind solche, die im Rampenlicht des öffentlichen Interesses stehen, werden in einer anderen Rubrik der zweiten Seite erwähnt. Da heißt es zum Beispiel:

More Trouble for Hedy – mehr Ärgernis für Hedy. Wobei jeder geschulte Leser sofort weiß, daß damit Filmstar Hedy Lamarr gemeint ist, die erst kürzlich unter dem Verdacht der Kleptomanie verhaftet wurde und nun eine wichtige Filmrolle, noch dazu an Zsa Zsa Gabor, verloren hat.

Mrs. Niarchos Expecting vermittelt dem Leser die freudige Nachricht, daß die Tochter des amerikanischen Autokönigs Henry Ford, die den griechischen Schiffsmagnaten Stavros Niarchos geheiratet hat,

is going to have a baby – ein Baby erwartet. Unter dem Titel:

After the Ordeal – Nach der Qual, wird von der siebzigjährigen Lady Diana Cooper gemeldet, daß sie von vier maskierten Räubern überfallen, gefesselt und wertvoller Pelze und Juwelen beraubt wurde, aber dann, endlich ihrer Knebel befreit, ein schönes Kleid anzog und – in die Oper ging.

Those indomitable English ladies! bemerkt das Blatt dazu. Diese englischen Ladies, die sich nicht unterkriegen lassen!

Polizeinachrichten, Rassenprobleme,. Prozeßberichte füllen, von den Riesenanzeigen der großen Warenhäuser unterbrochen, die nächsten Seiten. Darunter unter der Überschrift:

In 2000 A. D. – Wheels or Rails? – eine Erörterung über die Frage, ob im Jahre 2000 die Verkehrsprobleme Amerikas auf Rädern oder auf Schienen gelöst werden können.

Fond Farewell to the ›Paparazzi‹, freundlicher Abschied von den ›Paparazzi‹, nennt sich eine Meldung aus Rom, derzufolge Jaqueline Kennedy, die beim Papst zur Audienz erschien, bei ihrer Abreise freundliche Worte für die freischaffenden römischen Fotoreporter fand, die ihr ach so oft »troubles« bereitet hatten.

Über jedes Theaterstück, jedes Konzert, jedes wichtige Fernsehprogramm und jeden Film wird in den New Yorker Zeitungen schon am Morgen nach der Erstaufführung ausführlich berichtet. Auch dann, wenn eine Vorstellung erst gegen Mitternacht zu Ende geht und dem Kritiker nur eine knappe Stunde bleibt, seine

Eindrücke zu Papier zu bringen.

A good review or a bad review – eine gute oder eine schlechte Besprechung entscheiden nicht bloß über das Schicksal eines Stükkes, sondern mitunter auch über das des Schauspielers und meist auch über das Schicksal des fetten Dollarpaketes, das die

angels – die Engel –, so nennt man die Geldgeber der meist sündhaft teuren Broadway-Inszenierungen – riskieren mußten. Die Kritiker der großen Tageszeitungen, nicht ganz mit Unrecht die »Diktatoren des Broadway« genannt, genießen das absolute Vertrauen ihrer Leser. Nach einer schlechten Kritik geht kein Mensch mehr ins Theater, und das abgeurteilte Bühnenwerk kann oft seinen Premierenabend nicht überleben. Eine gute Kritik aber öffnet den Weg

to a very long run, zu einem sehr langen »Lauf«, das heißt, es eröffnet die Möglichkeit, Monate, ja Jahre auf dem Spielplan zu bleiben. Es passiert nur alle heilige Zeiten einmal, daß sich ein Stück *gegen* das Urteil der New Yorker Kritiker durchsetzen kann. Kein Wunder, daß an einem Premierenabend alle unmittelbar Beteiligten in dem berühmten Theater-Restaurant Sardi's bei einem späten Souper zwischen ein und zwei Uhr morgens voller Spannung auf die ersten Zeitungen warten. Die

Daily Book Review, die tägliche Buchkritik, bespricht die wichtigsten Neuerscheinungen des gewaltigen amerikanischen Büchermarktes und enthält unter der Überschrift:

Books out today – Bücher, die heute erschienen sind, eine Liste der Neuveröffentlichungen des Tages, die selten weniger als zwanzig Titel umfaßt. Sie sind in

»Fiction«, worunter man Belletristik, und

»Non-Fiction« unterteilt, worunter man Sachbücher zu verstehen hat. Die Sonntagsausgabe veröffentlicht regelmäßig

the bestseller list, die Liste der meistverkauften Bücher, ein Begriff, der ja längst in den deutschen Sprachgebrauch Eingang gefunden hat.

Die nächsten Seiten der »Herald Tribune«, vollends den Frauen gewidmet, melden Hochzeiten, Verlobungen, freudige Ereignisse und

Coming out parties, das sind Veranstaltungen, mit denen die siebzehn- bis achtzehnjährigen Töchter wohlhabender Familien sozusagen offiziell in die Gesellschaft eingeführt werden. Diese jungen Damen werden

debutantes – Debutantinnen, genannt. Die Frauenseite, *Women's page* genannt, bringt in der »Herald Tribune« aber auch eine noch viel wichtigere Rubrik. Diese wird von vielen Leserinnen, auch in politisch bewegten Zeiten, als allererste aufgeschlagen und heißt

Inside Fashion, also »innerhalb der Mode«, Mode-Tips, und wird von der berühmten Expertin Eugenia Sheppard geschrieben, die in Modedingen als bestinformiert gilt und außerdem manchmal sehr amüsant ist. Sie schreibt in der Nummer, die wir zur Hand haben unter anderem:

Rudi Gernreich has designed a topless nightgown. »But it has a bolero«, said the president of the firm that makes Rudi's no-bras, oh-bras and sleepwear« – Rudi Gernreich hat diesmal ein oberteilloses Nachtgewand entworfen. »Aber es hat eine Bolero-Jakke,« sagte der Präsident der Firma, die Gernreichs »keine«-Büstenhalter, »o-Büstenhalter« und Schlafkleidung erzeugt. Mit dem »o«-Büstenhalter meint Mrs. Sheppard einen, bei dessen Anblick man nur ein »O!« hauchen kann.

Food-News – Nahrungsmittel-Neuheiten, nehmen ebenfalls einen breiten Raum ein, wobei bemerkt sei, daß das Wort

news im Englischen als Singular behandelt wird, was auch aus dem alten Sprichwort hervorgeht:

No news is good news – keine Neuigkeiten sind gute Neuigkeiten. Auch

The Bridge Deck – das Bridge-Spielkartenpaket, ist auf den Frauenseiten zu finden. Einer der großen Bridgefachleute Amerikas erörtert täglich an der Hand einer Partie interessante Spielprobleme.

The Obituaries – die Nekrologe, die Nachrufe auf prominente Verstorbene, nehmen meistens eine ganze Seite ein. Der bekannten Hollywooder Klatsch-Kolumnistin Hedda Hopper wurden gleich mehrere Spalten gewidmet. Wie einflußreich sie war, geht aus einer kleinen Anekdote hervor, in der ein bekanntes Schauspielerehepaar am Frühstückstisch zu seiner maßlosen Überraschung in der Hedda-Hopper-Spalte liest, daß es ein Baby erwarte. »Ich weiß nichts davon«, sagt die verwunderte Schauspielerin.

»Ich auch nicht«, entgegnet ihr Gatte, »aber eines ist sicher: wir müssen uns jetzt sehr beeilen, eins zu bekommen. Denn wir dürfen Hedda unter keinen Umständen desavouieren!«

Noch ausführlicher wurde der Nekrolog für die allseits geliebte Nachtklubsängerin Sophie Tucker, die man in Amerika

the last of the Red Hot Mamas, die letzte der »rotglühenden« (gemeint ist vollblütigen) Mütter, nannte. Bis knapp vor ihrem Tode, der sie kurz nach ihrem neunundsiebzigsten Geburtstag ereilte, war Sophie Tucker im Fernsehen, in Filmen und in Nachtklubs zu sehen.

»The house lights would dim and a voice would announce: ›Ladies and Gentlemen – the imcomparable Sophie Tucker!‹ Then a buxom woman, dressed in a turquoise satin gown, encrusted with large jewels, would jauntily bounce across the stag waving a handkerchief to the music and start singing: ›Some of these days, you're goin' to miss me, honey‹. And the audience would begin applauding enthusiastically!«

»Die Lichter im Zuschauerraum verglimmten und eine Stimme verkündete: ›Meine Damen und Herren – die unvergleichliche Sophie Tucker!‹ Und dann erschien eine üppige Frau in einem türkisfarbenen Seidenkleid, das mit großen Juwelen bestickt war, schritt flott über die Bühne, winkte dem Orchester mit ihrem Taschentuch zu und begann zu singen: ›Some of these days, you're goin' to miss me, honey ...‹ Und das Publikum klatschte begeistert Beifall.«

So lauteten die ersten Zeilen des Nachrufes auf Sophie Tucker, die sich in Amerika einer unvorstellbaren Beliebtheit erfreute und sich auch bei einem Gastspiel im Londoner Palladium (1934) leisten konnte, König Georg V. und Königin Mary von der Bühne herunter mit einem munteren

»Hi ya King!« zu begrüßen, was man ungefähr mit: »Servus, König!« übersetzen könnte.

Am gleichen Tag hatte New York auch den Tod eines anderen Großen aus dem »Show Business« zu beklagen, eines kleinen Großen, nämlich Billy Rose, der nur ein Meter 55 hoch war. Aus tiefster Armut hatte sich Billy Rose als Meisterstenograph, als Kolumnist, Textdichter, Autor, Theaterproduzent, Kunstsammler, Grundstücks- und Börsenspekulant zu einem der reichsten Amerikaner heraufgearbeitet. Er schuf die erste Wasser-Revue, mit der er auf der New Yorker Weltausstellung 1938 Millionen verdiente. Er heiratete dessen Star, die Rekordschwimmerin Eleanor Holmes. Aber er selbst konnte nicht schwimmen. Er war der Hauptaktionär der American Telephone & Telegraph Company. Als deren Papiere im Februar 1964 gewaltig im Wert stiegen, rechnete ein Reporter aus, daß Billy Rose *stündlich* um 10000 Dollar reicher werde. Rose sandte an die Zeitungen folgendes Dementi:

»Not so, it was only 8.733 Dollar an hour.« – »Stimmt nicht, es waren nur 8733 Dollar pro Stunde.« Wenige Monate vor seinem Tode gab Rose bekannt, daß er Frau Joyce Matthews, von der er bereits zweimal geschieden war, zum dritten Male zu heiraten gedenke.

The cheapest thing he permitted in his 45 room-house was a $ 12.- ashtray – der billigste Gegenstand, den er in seinem 45-Zimmer-Haus duldete, war ein Aschenbecher, der $ 12.- gekostet hatte. So erzählt sein Nachruf, der die Überschrift hatte:

Master-Showmann Billy Rose. – The Final Curtain falls – Meister-Schausteller Billy Rose – Der letzte Vorhang fällt. Man nannte Billy Rose auch:

»The Bantam Barnum« or The Mighty Midget, den Bantam-Barnum, den winzigen Barnum (nach dem berühmten Zirkusdirektor Barnum) oder den mächtigen Knirps. Billy Rose wurde 66 Jahre alt. Seine unendlich wertvolle Kunstsammlung hat er vollständig einem Institut in Israel vermacht.

Zu den 1966er Februar-Toten, denen die amerikanische Presse ausführliche Nekrologe widmete, gehörte auch der grandiose Filmkomiker Buster Keaton,

The Great Stone Face – das große Steingesicht, wie man in Amerika sagte.

Keaton's face ranked almost with Lincoln's as an early American archetype; is was haunting, handsome, almost beautiful, yet it was irreducibly funny. »Keatons Gesicht«, so schrieb einmal ein Biograph, »rangierte fast mit dem Lincolns als ein frühamerikanischer Archetypus; es verfolgte einen, es war gutaussehend, beinahe schön, doch war es unreduzierbar komisch . . .«

Manche Mitarbeiter der »Herald Tribune«, die im New Yorker Volksmund meistens

»Trib« genannt wird, sind so bekannt und beliebt, daß ihre Beiträge oft gar keines Titels bedürfen. Sie tragen einfach den Namen des Autors als Überschrift. Da gibt es die Rubrik

Art Buchwald, des Satirikers, der sich über Gott und die Welt, über Präsidenten und Politiker lustig macht. Da ist ferner die regelmäßig erscheinende Spalte

Jimmy Breslin. Das ist der Name eines Reporters, der seine Betrachtungen über die verschiedensten Tagesereignisse mitunter auf ein literarisches Niveau zu bringen weiß.

Walter Lippmann, der angesehene politische Kommentator der »Trib«, verzichtet auf diesen Usus. Seine Rubrik heißt

Today and Tomorrow, also »Heute und Morgen«. Dann folgt eine Titelzeile über das Thema des Tages, etwa:

»Limited and Unlimited War« – Beschränkter und Unbeschränkter Krieg. Dann erst folgt in verhältnismäßig kleiner Schrift sein Name.

Erst auf Seite 22 bringt das Blatt seinen, bezw. seine Leitartikel. Sie verdienen diese Bezeichnung nicht, weil sie ja das Blatt nicht einleiten, wie es früher einmal bei europäischen Tageszeitungen der Brauch war. Sie heißen auch nicht so, sondern werden

Editorials genannt, weil sie die Ansichten des

Editors, des Herausgebers, über die wichtigsten Tagesfragen enthalten.

Letters to the Editor – Briefe an den Herausgeber, werden auch dann vollinhaltlich veröffentlicht, wenn sich ihr Inhalt in mitunter recht scharfer Kritik gegen das Blatt wendet.

Der Sportteil des Blattes, kurz

Sports genannt, umfaßt täglich viele Seiten. Die Sportrubriken Amerikas sind vornehmlich dem

Baseball and Football gewidmet. Unter »Football« ist der amerikanische Football zu verstehen, eine Abart des englischen Rugbyspieles, die nicht mit Fußball verwechselt werden darf, das in Amerika (und auch in England)

Soccer genannt wird und an Beliebtheit hinter den amerikanischen

Nationalsportarten weit zurückbleibt. »Soccer« ist in Amerika immer noch der Sport der Einwanderer geblieben. Er kann die großen Zuschauerziffern, die fast auf der ganzen übrigen Welt gang und gäbe sind, bei weitem nicht erreichen. Basketball und Boxen sind überaus beliebt. Auch dem gewaltig aufstrebenden Skisport wird immer größere Bedeutung beigemessen. Wann immer ein amerikanischer Skiläufer den europäischen Stars nahekommt, wird darüber ausführlich berichtet. In großen Lettern heißt es zum Beispiel in einem Bericht aus Sestrière:

»*U. S. Skier Finishes Fifth*«, also ein amerikanischer Skiläufer endete als Fünfter, was als Erfolg gewertet wird. Denn man ist sich dessen bewußt, daß man den europäischen Ski-Weltmeistern schon nahegekommen ist, sie aber noch lange nicht erreicht hat.

Business, Finance, Geschäft, Finanzen, nennt sich der volkswirtschaftliche Teil der Zeitung, der ebenso wie der Sportteil seine eigenen »Kolumnisten« hat, deren Meinung überall respektiert wird.

Die kleinen Anzeigen, die sich mit dem Grundstückmarkt befassen, heißen

»*Classified Real Estate*«. Real Estate ist das Grund-Eigentum und

Classified ist die kurze Bezeichnung für

classified ads – verschiedene, in Gruppen eingeteilte Anzeigen, worunter man die kleinen Anzeigen zu verstehen hat.

ads ist die Abkürzung von

advertisements. – Anzeigen, Annoncen, Inserate.

The outstanding American daily newspapers are the »New York Times«, the »New York Herald Tribune« and the »Christian Science Monitor« which are noted for their coverage of both national and international news. Die hervorragendsten amerikanischen Tageszeitungen sind die »New York Times«, die »NY Herald Tribune« und der »Christian Science Monitor«, die bekannt sind für ihre Berichterstattung über nationale wie internationale Ereignisse.

Dazu sei der kleine sprachliche Hinweis gestattet, daß

The coverage von dem Zeitwort

to cover, decken, bedecken, abgeleitet ist, das aber in der Zeitungssprache die Bedeutung von »darüber berichten« bekommen hat.

The sports reporter has to cover the baseball games – der Sportreporter hat die Baseball-Spiele »zu decken«, er hat über sie zu berichten.

Zum Abschluß unseres »Blickes in die Zeitung« noch ein kleiner statistischer Hinweis:

About 10490 English language papers are published in the U. S. (This is about 20 percent of the estimated 50000 newspapers of all kinds published throughout the world.) 1755 of these are daily newspapers. More than 600 foreign language publications are printed and circulated in the U. S. The first foreign-language newspaper published in the U. S. was the »Philadelphia Zeitung« founded in 1732 by Benjamin Franklin. In den Vereinigten Staaten erscheinen etwa 10490 englischsprachige Zei-

tungen. (Das ist etwa ein Fünftel der schätzungsweise 50000 Blätter aller Art, die auf der ganzen Welt veröffentlicht werden.) 1755 davon sind Tageszeitungen. Mehr als 600 fremdsprachige Publikationen werden in Amerika gedruckt und vertrieben. Die erste fremdsprachige Zeitung, die in den Vereinigten Staaten herausgegeben wurde, war die »Philadelphia Zeitung«, die im Jahre 1732 von Benjamin Franklin gegründet wurde.
Der Umfang der führenden Tageszeitungen ist imponierend.
Besonders die Sonntagsausgaben mit ihren vielen Beilagen sind oft schwerer als ein dickes Buch. Wenn die New Yorker Sonntag morgens die erheblichen Pakete von den Zeitungskiosken nach Hause schleppen, sagt man scherzhaft: »Ehemänner bei der Morgenarbeit ...«

Women, Women, Women ...

Der Autor kann kein besseres Abschlußkapitel für diesen Band finden, als eines, das der amerikanischen Weiblichkeit gewidmet ist. Schon deshalb nicht, weil er zu jener Sorte von Männern gehört, die Glück bei den Frauen haben: ihm gefallen alle!
Die amerikanische Frau aber sei hier nicht in einer langwierigen soziologisch-psychologischen Untersuchung analysiert, sondern in ein paar kleinen Geschichten, die den Vorzug haben wahr zu sein, und die nebenher auch ein Schlaglicht auf das Alltagsleben des, wie immer noch behauptet wird, schwachen Geschlechtes in den Vereinigten Staaten werfen.

A New York landlord, impatient over restrictions imposed by the rent law, tried to evict a lady-tenant illegally. The knowing tenant replied in writing – and it was one of the shortest notes ever penned. The exact words were: »Sir, I remain Yours truly ...« Ein New Yorker Hausbesitzer, verärgert über die Beschränkungen, die ihm vom Mietergesetz auferlegt sind (in alten Häusern darf die Miete nur in Ausnahmefällen erhöht werden, weshalb die Hausbesitzer mitunter danach trachten, alte Mieter loszuwerden. Einem neu einziehenden Mieter darf eine um 15 Prozent höhere Miete angerechnet werden), versuchte, eine Mieterin auf ungesetzliche Weise hinauszudrängen. Die Mieterin, die über die Verordnungen genau Bescheid wußte, antwortete schriftlich – und es war eine der kürzesten Mitteilungen, die ja zu Papier gebracht wurden. (*the pen* – die Feder, *to pen* – schreiben, abfassen) Die genauen Worte waren: »Geehrter Herr, ich verbleibe Ihre getreue ...«

A housewife who devoted most of her life to spending twice as much as her husband earned, complained constantly about the apartment they lived in. »All our friends live ten times better than we do«, was her chorus. »We simply must move into a more expensive neighborhood«. One night her long suffering spouse came home and told her: »Darling, we won't have to move after all! The landlord just doubled our rent!« Eine Hausfrau, die den größten Teil ihres Daseins der Beschäftigung widmete, doppelt soviel auszugeben, als ihr Gatte verdiente, beklagte sich ständig über die Wohnung, in der sie lebten. »All unsere Freunde leben zehnmal besser als wir«, war ihr Refrain. »Wir müssen einfach in ein besseres Stadtviertel (Nachbarschaft) übersiedeln!« Eines abends kam ihr seit langem alles mit Geduld ertragender Gatte nach Hause und sagte: »Liebling, wir werden gar nicht erst ausziehen müssen. Der Hausherr hat soeben unsere Miete verdoppelt.« (In neugebauten Häusern darf er das. Der Herzenswunsch der Dame war also in Erfüllung gegangen: sie lebte plötzlich in einem teureren Viertel.)

When a famous lady-journalist returned from her Colorado angling expedition she was asked: »Well, how were the fish in those parts?« She sighed: »I really can't say. For three weeks I dropped them a line twice a day – but I had no reply!« Als eine bekannte Journalistin von ihrer Angelexpedition in Colorado zurückkam, wurde sie gefragt: »Nun, wie waren denn die Fische dort in jener Gegend?« Sie seufzte: »Ich kann's wirklich nicht sagen. Drei Wochen lang habe ich ihnen jeden Tag zweimal eine Zeile geschrieben, aber ich bekam keine Antwort!« Der Scherz besteht darin, daß

to drop a line die wörtliche Bedeutung hat »eine Leine auswerfen, Angelschnur fallen lassen«, gleichzeitig aber die idiomatische Bedeutung hat: »eine Zeile schreiben«.

A wellknown lady-commentator, late for a broadcast, squeezed into a crowded Fifth Avenue bus. Thrice a gallant gentleman attempted to rise, but the energetic lady pushed him back into his seat each time. »None of this outmoded false gallantry«, she said. »I am a working woman and I can stand just as well as the next one!« On his fourth attempt the gentleman said firmly: »This time you simply must let me get out, madam. I'm seven blocks past my stop now!« Eine sehr bekannte Kommentatorin, die im letzten Moment zu einer Rundfunksendung eilte, zwängte sich in einen überfüllten Autobus an der Fünften Avenue. Ein galanter Herr versuchte dreimal aufzustehen, aber die energische Dame drückte ihn jedesmal auf seinen Sitz zurück. »Bitte keine längst überholte, falsche Galanterie«, sagte sie, »ich bin eine arbeitende Frau und kann genau so stehen wie jeder andere.« Bei seinem vierten Versuch erklärte der Herr mit Nachdruck: »Diesmal *müssen* Sie mich einfach 'rauslassen, meine Dame! Ich bin schon sieben Straßen über meine Haltestelle hinaus!«

Overheard in a bar: »My wife had a funny dream last night. She dreamed she married a multimillionaire.« »You are lucky«, sighed the other man, »my wife dreams that in daytime!« Er lauscht in einer Bar: »Meine Frau hatte heute nacht einen sonderbaren Traum. Sie träumte, sie hätte einen Multimillionär geheiratet!« – »Da haben Sie Glück«, sagte der andere Mann, »meine Frau träumt das bei Tage!«

Für die Echtheit dieser letzten Story kann sich der Verfasser dieses Buches persönlich verbürgen. Der andere Mann war er selbst ...

Register

C

G

H

I–J

K

L

S

SCH

ST

T

U

V

W

Y–Z